BIENVENUE
AU MOYEN ÂGE

DU MÊME AUTEUR

La Pastourelle, Bordas, 1972.
La Prédication en langue romane avant 1300, Champion, 1976, 2ᵉ édition revue, 1982.
Les Chansons de toile, Champion, 1978.
Roman rose et rose rouge. Le Roman de la Rose ou de Guillaume de Dole de Jean Renart, Nizet, 1979. Nouvelle édition Les Belles Lettres, 2014.
Le Roman d'Apollonius de Tyr, UGE 10/18, 1982.
La Subjectivité littéraire autour du siècle de saint Louis, PUF, 1985.
Rutebeuf. Œuvres complètes, 2 vol., Classiques Garnier, 1989-1990. Nouvelle édition revue et mise à jour, Le Livre de Poche, 2001.
Introduction à la littérature française du Moyen Âge, Le Livre de Poche, 1993.
Littérature française du Moyen Âge, PUF, 1992, 3ᵉ édition mise à jour, 2013.
Les Voix de la conscience. Parole du poète et parole de Dieu dans la littérature médiévale, Paradigme, 1992.
Le Moyen Âge et ses chansons ou un passé en trompe-l'œil, Éditions de Fallois, 1996.
Le Tiers d'amour. Un roman des troubadours, Éditions de Fallois, 1998.
Froissart et le temps, PUF, 1998.
Le Jongleur de Notre-Dame. Contes chrétiens du Moyen Âge, Le Seuil, 1999. Réédition partielle : *Contes du Moyen Âge*, illustrations de Pierre-Olivier Leclercq, Seuil, 2002.
Déodat ou la transparence. Un roman du Graal, Seuil, 2002.
Poésie et conversion au Moyen Âge, PUF, 2003.
Arsène Lupin et le mystère d'Arsonval, Éditions de Fallois, 2004 (Le Livre de Poche, 2006).
Le Moyen Âge à la lettre. Un abécédaire médiéval, Tallandier, 2004.
Nature et poésie au Moyen Âge, Fayard, 2006.
Un portefeuille toulousain, Éditions de Fallois, 2007 (Le Livre de Poche, 2009).
Seuls les enfants savent lire, Tallandier, 2009.
Les Troubadours. Une histoire poétique, Perrin, 2013.

Michel Zink

BIENVENUE AU MOYEN ÂGE

ÉQUATEURS

© Éditions des Équateurs/France Inter, 2015.

Sites Internet : editionsdesequateurs.fr
　　　　　　　http://franceinter.fr

Courriel : contact@editionsdesequateurs.fr

Sommaire

Avant-propos 9
1. Pourquoi le Moyen Âge ? 13
2. *Sainte Eulalie* ou le plus ancien poème français 17
3. Deux langues pour une parabole 21
4. En passant par l'arabe : à la recherche d'une poésie perdue 25
5. Chansons de femmes 29
6. « Roland a mis l'olifant à sa bouche » 33
7. « Ce sera Ganelon, mon parâtre » 37
8. Le silence des siècles 41
9. Chansons de toile 45
10. Les deux sœurs 49
11. Guillaume IX, le premier troubadour 53
12. La nature et l'amour 57
13. Une poésie compliquée comme l'amour 61
14. Les jongleurs 65
15. Lire et entendre 69
16. L'amour lointain 73
17. Jouissance et souffrance 77
18. Le roi Arthur 81

19. Seul, comme un chevalier errant doit l'être 85
20. La fontaine enchantée........................ 89
21. L'amour conjugal est-il romanesque ? 93
22. Le Graal................................... 97
23. Perceval et la charité........................ 101
24. Tristan et Iseut ont-ils besoin d'un philtre pour s'aimer ? 105
25. Pourquoi épouser Iseut aux Blanches Mains ?........ 109
26. « Belle amie, ainsi est de nous : Ni vous sans moi, ni moi sans vous » 113
27. Le Chevalier de la Charrette.................... 117
28. Lancelot et Galehaut......................... 121
29. Le Graal n'est pas une fin..................... 125
30. Le poète lépreux............................. 129
31. « Pour moi le jour se lève alors que la nuit tombe ».... 133
32. « Que sont mes amis devenus ? » 137
33. Le Roman de la Rose 141
34. La forge de Nature 145
35. « Sire de Joinville, je ne veux pas sitôt partir d'ici ».... 149
36. Froissart ou l'histoire romanesque 153
37. L'enfance de l'amour 157
38. « En la forêt de Longue Attente »................ 157
39. « Le laisserez-vous là, le pauvre Villon ? » 165
40. Et maintenant, si nous lisions ? 169

Notes 173

Avant-propos

A U tournant du sentier, l'aventure. C'est elle que cherche l'enfant dans un Moyen Âge qu'il confond avec la forêt de ses vacances : le mystère des contes, l'envoûtement de la féerie, l'éclat généreux de la chevalerie. Plus tard, à l'âge où dans la forêt trop familière son cœur ne bat plus dans l'attente de ce que révélera le prochain tournant du sentier, la poésie du Moyen Âge lui offre une autre aventure, où il poursuit un écho à la fois proche et lointain de sa vie. Les souffrances d'un premier amour, il les vit à travers les poèmes des troubadours, tout tremblants de respect, d'effroi et de désir. Ses inquiétudes religieuses, il les confronte à la foi médiévale, grave et audacieuse.

Elle ne se livre pas à lui sans lutte, cette littérature. Il faut en comprendre les langues : un français si éloigné du nôtre que c'est presque une langue étrangère, la langue d'oc, d'autres langues romanes ou germaniques, le latin. Elle est l'œuvre d'auteurs dont nous savons peu de chose et de façon souvent incertaine. Elle est transmise par des manuscrits parfois fragmentaires ou qui, de l'un à l'autre, présentent des variantes dont il faut rendre compte et entre lesquelles parfois choisir.

Mais surtout, elle nous vient d'un monde révolu. Comme dans les contes, tout paraît à portée de la main et rien ne l'est. Tout s'éloigne quand nous croyons le saisir. Rien de ce que le Moyen Âge exprime, rien de ce que nous croyons en comprendre, rien de ce qui nous touche ou nous rebute en lui, qui ne doive être mis en doute, vérifié, éprouvé. Sa littérature ne veut pas dire ce que nous pensions, elle ne veut pas toucher là où à la première lecture elle nous touche, elle fourmille d'allusions qui nous échappent.

Pourtant, quand nous l'avons bien éloignée de nous, au moment où nous la pensons la plus étrangère, voilà que nous la retrouvons à nouveau toute proche, émouvante et fraîche, comme la jeunesse de notre langue et de notre monde. À mesure que nous la déchiffrons plus exactement, nous en jouissons davantage. Car la jouissance de la comprendre et de la connaître ne gâte pas la jouissance spontanée qu'elle nous procure : elle l'accroît. *Heroic fantasy*, films, séries télévisées, jusqu'à Harry Potter et son monde de magie préscientifique sous les ogives gothiques d'un collège anglais, peuvent nous entraîner dans un univers à coloration médiévale où nous nous évadons délicieusement. Mais les puissants ingrédients auxquels ils ont recours procurent-ils une jouissance plus vive que celle de comprendre avec exactitude et en même temps de sentir inépuisable un poème ancien qui résonne en nous ?

Transmettre un peu de la jouissance que procurent, à qui les comprend, les poèmes et les récits du Moyen Âge : telle a été mon ambition dans ces chroniques, diffusées chaque jour sur les ondes de France Inter pendant l'été 2014. Elles ont ainsi été portées d'abord par la voix avant d'être réunies en un livre, de même qu'au Moyen Âge on chantait ou on récitait à voix haute les chansons et les romans recopiés dans les manuscrits. On chantait et on récitait, il est vrai, par larges séquences. Les miennes étaient chacune de trois minutes et demie. À l'époque, on ne se pressait pas ainsi : la vie était plus brève, mais le temps plus long.

I

Pourquoi le Moyen Âge ?

Bienvenue au Moyen Âge ! Il n'a pourtant pas bonne presse, ce pauvre Moyen Âge. « Nous ne sommes plus au Moyen Âge ! » répète-t-on avec satisfaction. Qualifier un régime politique ou un système judiciaire de moyenâgeux est rarement un compliment. Mais tout change quand on regarde le Moyen Âge avec les yeux de la poésie. Châteaux et forêts, princesses, chevaliers, monstres, merveilles et aventures nourrissent aujourd'hui encore notre imaginaire, celui des enfants avec Walt Disney, celui des adolescents et de leurs jeux de rôle, comme ils ont nourri celui de Tolkien et de son Hobbit, de C. S. Lewis et du monde de Narnia. Les mots de troubadour ou d'amour courtois font encore rêver. Ni Roland à Roncevaux ni Tristan et Iseut ne sont oubliés. Le Graal n'a rien perdu de son mystère. Et les chevaliers de la Table ronde nous sont assez familiers pour nous faire rire quand ils s'expriment comme des Français moyens dans la série télévisée *Kaamelott*.

C'est pourquoi le Moyen Âge où je vous souhaite la bienvenue est celui des poèmes, des romans, des chansons, des légendes, celui dont nous vivons encore sans toujours bien le connaître.

Le Moyen Âge : pourquoi ce nom ? Un âge moyen, intermédiaire : on a désigné ainsi, dès la fin du XVIe siècle, la période qui s'étend, disait-on, « de la chute de l'empire romain à la renaissance des lettres », celle qui sépare l'Antiquité grecque et romaine de l'époque qui se flattait de l'avoir redécouverte et fait revivre, la Renaissance. Les critères qui définissaient cette périodisation de l'histoire étaient, comme le montre l'expression « renaissance des lettres », non des critères politiques (de la chute de Rome à celle de Constantinople), mais ceux des belles-lettres, de la poésie, de la vie de l'esprit, qui auraient connu une éclipse.

La définition était polémique. Le Moyen Âge n'avait nullement oublié la littérature antique. À preuve, c'est lui qui nous l'a conservée. Sans les manuscrits copiés au Moyen Âge, elle ne serait jamais, pour l'essentiel, parvenue jusqu'à nous. Il s'est passionnément voulu fidèle au modèle antique, il n'a cessé d'imiter la littérature latine classique. Il est vrai qu'il aboutit à des résultats remarquablement différents de l'original. La langue et la civilisation avaient changé, d'autres récits, d'autres mythes se mêlaient à la mythologie antique et surtout une religion nouvelle, le christianisme, portait sur le monde un regard nouveau.

Tout en mesurant lui-même ces différences, le Moyen Âge s'est vu comme l'héritier de l'Antiquité classique en vertu d'un mouvement de l'histoire qu'il appelait, en latin, *translatio imperii et studii*, le transfert du pouvoir et du savoir de la Grèce à Rome, puis de Rome en France (ou en Angleterre, ou dans l'empire germanique, selon le point de vue de chacun). Dans les années 1170, voici ce que Chrétien de Troyes écrit dans le prologue de son roman en vers *Cligès*, qui fait, si l'on peut dire, la navette entre Constantinople, c'est-à-dire le monde grec byzantin, et la cour du roi Arthur :

Ce nos ont nostre livre apris	Nos livres nous ont appris
Que Grece ot de chevalerie	que la Grèce fut, en chevalerie
Le premier los et de clergie ;	et en savoir, renommée la première ;
Puis vint chevalerie a Rome	puis la chevalerie vint à Rome
Et de la clergie la somme,	avec la totalité de la science.
Qui or est en France venue.	Maintenant elles sont venues en France.
Dex doint qu'ele i soit retenue	Dieu fasse qu'on les y retienne assez
Tant que li leus li embellisse	pour que le lieu leur sourie,
Si que ja mais de France n'isse	si bien que jamais ne sorte de France
L'ennors qui s'i est arestee [1] (*).	la gloire qui s'y est arrêtée.

C'était la France au XIIe siècle...

(*) Les notes sont reportées en fin d'ouvrage (page 173).

2

Sainte Eulalie
ou le plus ancien poème français

> Buona pulcella fut Eulalia.
> Bel auret cor, bellezour anima.
> Uoldrent la veintre li Deo inimi,
> Uoldrent la faire diaule servir...[1].

Eulalie était une jeune fille parfaite.
Son corps était beau, son âme plus belle encore.
Les ennemis de Dieu voulurent la vaincre,
Ils voulurent lui faire servir les diables...

LA *Séquence de sainte Eulalie*, qui raconte en une quinzaine de vers raides le martyre de cette sainte, n'est peut-être pas un chef-d'œuvre, mais c'est le plus ancien poème français conservé. Il a été copié en 881 ou 882.

Le plus ancien poème français, qu'est-ce à dire ? Qu'y avait-il auparavant ?

Non seulement le français n'a cessé de changer, comme toutes les langues (nous le voyons changer sous nos yeux, et si vite que le français des jeunes n'est plus celui des adultes), mais encore, comme toutes les langues, il est né du changement. Le latin était la langue de l'empire romain, qui couvrait tout le sud de l'Europe. Mais le latin parlé s'éloignait de plus en plus du latin officiel et il se différenciait d'une région à l'autre sous l'influence de la prononciation locale, de l'apport des nouveaux arrivants germaniques, etc. Un moment est venu, vers la fin du VIIIe ou le début du IXe siècle, où ceux qui utilisaient ces diverses formes de latin parlé n'ont plus compris le latin savant : le latin qu'ils parlaient était donc devenu une autre langue, une langue nouvelle. C'est ainsi que sont nées les langues dites romanes ou néolatines de l'Europe moderne, celles des péninsules italienne et ibérique, le français (langue d'oïl), la langue d'oc, etc., avec tous leurs dialectes.

Mais nous ne connaissons ces nouvelles langues qu'à partir du moment où elles ont été écrites. Or seuls savaient écrire les clercs, les hommes d'Église. Ils étaient savants, leur langue était le latin. Utiliser leur science pour écrire le jargon informe du peuple inculte ? Ils n'y songeaient pas. Ou plutôt, ils n'y auraient pas songé sans les besoins de l'évangélisation qui les contraignaient à se faire comprendre de tous : en 813, l'année qui précède la mort de Charlemagne, un concile réuni à Tours ordonne de prêcher dans la langue des paysans, *in rusticam linguam romanam aut thiotiscam*, « en langue rustique romane ou teutonne », autrement dit en français ou en allemand. C'est pourquoi les plus anciens textes conservés dans ces langues nouvelles sont religieux. Ce sont les seuls que les clercs ont notés. Cela ne veut pas dire qu'il n'existait pas des poèmes d'autre nature, par exemple des chansons d'amour, sur lesquelles nous avons des témoignages indirects.

La *Séquence de sainte Eulalie* (une séquence – du latin *sequor*, suivre – était un texte ou un poème qui suivait la jubilation de l'*alleluia* et était chanté sur le même air) est associée dans le manuscrit qui nous l'a conservée à un office de la sainte, en latin bien sûr, et à un autre poème à sa gloire, en latin lui aussi. Le poème français avait pour fonction d'expliquer aux fidèles dans la langue qu'ils comprenaient le sens de la solennité du jour.

Ce manuscrit, copié dans le nord de la France, est pour l'essentiel en latin. Il contient ce poème français et un autre en allemand. Le latin, langue savante, était aussi la langue internationale et une langue vivante. Les langues locales se rencontraient et se mêlaient aisément. L'Europe était une réalité.

C'était au IXe siècle.

3

Deux langues pour une parabole

LE théâtre de l'Antiquité n'a pas été imité par le Moyen Âge, exception faite de quelques comédies en latin composées dans les écoles. L'univers civique et religieux de la cité antique avait disparu, et avec lui la tragédie, qui lui était liée. La religion nouvelle, le christianisme, abordait les débats de la conscience en d'autres termes que ceux de la fatalité tragique.

Mais la liturgie de la messe et des offices monastiques, chantée « en grégorien », comme nous disons, a quelque chose de théâtral. Les vies des saints, les paraboles du Christ, les épisodes de sa vie se prêtaient dans ce cadre à des ébauches de représentations. Il en reste de nos jours la lecture à trois voix de la passion du Christ le dimanche des Rameaux. Ainsi naît le théâtre médiéval sous la forme chantée et dialoguée de ce qu'on appelle le « drame liturgique ». Naissance précoce, dès le Xe siècle, d'un genre théâtral qui se développera cependant tard et modestement avant les grands *mystères* à la fin du Moyen Âge.

Les drames liturgiques sont bien entendu en latin. Mais il en est un, dans un manuscrit de Fleury (aujourd'hui Saint-Benoît-sur-Loire) remontant au XIe siècle, où figurent quelques vers en français. Intitulé *Sponsus*[1] (« l'époux ») il met en scène la parabole évangélique des vierges folles et des vierges sages : à des noces, dix vierges attendent dans la nuit, avec des lampes, l'arrivée de l'époux. Cinq ont emporté une réserve d'huile pour leur lampe, cinq ne s'en sont pas souciées. L'époux tarde à venir et toutes s'endorment. Lorsqu'on annonce enfin son arrivée, les vierges négligentes n'ont plus d'huile pour leurs lampes. Pendant qu'elles vont en acheter, l'époux entre dans la salle du banquet ; les vierges prévoyantes le suivent, les portes sont fermées et elles ne s'ouvriront plus pour laisser entrer les « vierges folles » à leur retour.

« Veillez donc, car vous ne savez ni le jour, ni l'heure » : telle est la conclusion de la parabole. Telle est sa leçon immédiate. Mais la faute des vierges folles n'est pas d'avoir dormi, puisque les vierges sages ont fait de même. Elle est, disaient les théologiens au terme d'une exégèse complexe, d'avoir négligé l'huile de la charité.

Cette exégèse complexe, le *Sponsus* l'expose dans ses dialogues en latin, que seuls comprenaient les moines et les clercs. Les laïcs qui assistaient au spectacle ne savaient pas le latin. Ils ne saisissaient que les quelques vers en français qui, à travers la plainte des vierges folles, reprise comme un refrain, leur livraient la leçon immédiate et élémentaire de la parabole :

Dolentas, chaitivas,	Malheureuses, misérables,
Trop i avem dormit !	Nous avons trop dormi !

se lamentent-elles.

Dolentas, chaitivas,	Malheureuses, misérables,
Trop i avez dormit !	Vous avez trop dormi !

s'entendent-elles répondre.

La répétition scandée, psalmodiée, imposait à l'esprit et au cœur l'urgence de veiller dans l'attente du Seigneur. Cette pièce de théâtre, si rudimentaire qu'elle paraisse, était assez habilement construite pour toucher deux publics. Les tirades et l'argumentation en latin étaient pour les savants. Aux simples, dans leur langue, une injonction élémentaire et l'efficacité d'une poésie faite de répétitions et d'échos.

C'était au XIe siècle.

4

En passant par l'arabe : à la recherche d'une poésie perdue

F AUT-IL se résigner à ne connaître de la poésie naissante dans les jeunes langues romanes que de rares poèmes religieux ? Il devait bien exister des chansons d'amour. Quel peuple n'en a pas ? De fait il y en avait, puisque l'Église condamnait comme « obscènes et honteuses » les *cantica puellarum*, les chansons des jeunes filles. Un concile tenu à Rome en 826 s'indigne : *Sunt quidam, et maxime mulieres…* : « Il y en a, surtout des femmes, qui dansent lors des fêtes sacrées avec des chansons dont les paroles font rougir… » Vers le milieu du IXe siècle, le pape Léon IV demande au clergé d'interdire « les chants et les rondes des femmes dans les églises et sur leur parvis ».

Des chansons d'amour et de danse, qui sont des chansons de femmes. Depuis une Antiquité reculée, tout autour du bassin méditerranéen, existait la tradition d'une poésie amoureuse attribuée à des femmes, placée dans la bouche de femmes, et une tendance à rapporter principalement aux femmes l'expression de la passion amoureuse. Dans l'*Énéide* de Virgile, Didon se tue par amour pour Énée, mais Énée sacrifie Didon sans trop de peine au destin glorieux que les dieux lui promettent.

Pour en revenir au Moyen Âge, la tradition des chansons de femmes ne nous est pas seulement connue par les condamnations indignées de l'Église. Les plus anciens fragments lyriques conservés en langue romane sont extraits de chansons de femmes. Mais ils nous sont parvenus par un détour singulier. Les poètes arabes et juifs d'Espagne pratiquaient une forme de poème appelée *muwwashah* ou *zadjal* qui se terminait par une sorte de pointe finale, la *khardja*. Certaines de ces *khardjas* sont restées longtemps incompréhensibles, car on pensait qu'elles étaient, comme le reste du poème, en arabe ou en hébreu. Or on s'est aperçu qu'elles étaient en langue romane – en vieil espagnol : ce sont des emprunts à la poésie mozarabe, celle de la population chrétienne de souche ibérique conquise et dominée. Même alors, on ne les a pas comprises sans mal : elles offrent un état de la langue si ancien qu'on n'en a guère d'autres exemples et elles sont transcrites phonétiquement dans un alphabet mal adapté à cette langue. Mais quand on y est parvenu, on a constaté que ce sont toutes des chansons de femmes. C'est presque toujours, en un ou deux vers très simples, la plainte mélancolique, discrète et sensuelle d'une jeune fille qui se languit de son bien-aimé. Les poètes des cours arabes d'Al-Andalus jugeaient piquant cet effet de citation, cette rupture linguistique et poétique. La *khardja* qui concluait leur poème brillant et sophistiqué devait paraître fragmentaire, balbutiante, venue du fond des âges et du fond de l'âme, d'une simplicité insistante, celle de la langue des simples et des vaincus, celle d'une poésie rudimentaire, celle de la jeune fille ignorante et de l'amoureuse inquiète qui fait entendre sa voix :

> Ô toi qui es brun, ô délices des yeux !
> Qui pourra supporter l'absence, mon ami ?

> Que dois-je faire, ô ma mère,
> Quand mon ami frappe à la porte ?

> Voici venue la Pâque,
> Et moi sans lui,
> Et moi sans lui,
> Le cœur navré [1].

Il reviendra à Pâques, mais il ne revient pas. Cela vous rappelle quelque chose ? *Malbrough s'en va-t-en guerre* est une chanson du XVIIIe siècle, mais une chanson héritière d'une tradition très ancienne, aussi vieille que la poésie : celle de la femme condamnée à attendre passivement le retour du guerrier, celle d'une voix féminine désolée, délaissée.

C'était dès le Xe siècle.

5

Chansons de femmes

La voix amoureuse des femmes se fait entendre tout au long du Moyen Âge, mais souvent en mineur et dans des genres mineurs : dans des chansons en marge de la grande poésie et dans une veine qui semble populaire.

Souvent des chansons à danser. « De bon matin s'est levée la bien faite Aélis », chante le soliste et le chœur des danseurs enchaîne : « Par ici passe le brun, le beau Robin…[1]. »

Des refrains d'une candeur impudique :

| Les mamelettes me poignent : | Mes petits seins me font mal : |
| Je ferai novel ami[2]. | Je vais prendre un nouvel ami. |

Parfois à la provocation se mêle une pointe de sadisme :

Soufrés, maris, et si ne vos anuit :
    Prenez votre mal en patience, mon mari :

Demain m'arés et mes amis anuit.
>vous m'aurez demain et mon ami cette nuit.
Je vous deffens k'un seul mot n'en parlés,
>Pas un mot : je vous défends d'en parler,
Soufrés, maris, et si ne vous mouvés.
>Prenez votre mal en patience, mon mari, et sans bouger.
La nuit est courte, et par mains me rarés,
>La nuit est courte : vous, vous m'aurez au matin,
Qant mes amis ara fait sen déduit.
>quand mon ami aura pris son plaisir.
Soufrés, maris, et si ne vous anuit :
>Prenez votre mal en patience, mon mari :
Demain m'arés et mes amis anuit[3].
>vous m'aurez demain et mon ami cette nuit.

Mais le plus souvent, c'est une sensualité grave et douloureuse qui s'exprime par la voix féminine, comme dans cette « chanson d'aube », qui dit la douloureuse séparation des amants au matin. Elle est en langue d'oc :

En un vergier, sos fuelha d'albespi
>En un verger, sous la feuille d'aubépine
Tenc la dompna son amic costa si,
>la dame tenait son ami tout contre elle
Tro la gayta crida que l'alba vi.
>jusqu'à ce que le guetteur crie qu'il a vu l'aube.
« Oy Dieus, oy Dieus de l'alba ! tan tost ve !
>« Mon Dieu ! mon Dieu ! l'aube ! comme elle vient tôt !

Plagues a Dieu ja la nueitz non falhis
>Plût à Dieu que la nuit ne prît jamais fin
Ni'l mieus amicx lonc de mi no's partis
>et que mon ami ne s'éloignât pas de moi
Ni la gayta jorn ni alba no vis !
>et que le guetteur ne vît ni jour ni aube !

Oy Dieus, oy Dieus de l'alba ! tan tost ve !
    Mon Dieu ! mon Dieu ! l'aube ! comme elle vient tôt !

Bels dous amicx, baizen nos yeu e vos
    Beau doux ami, embrassons-nous, vous et moi
Aval els pratz, on chanto'ls auzellos,
    au fond du pré où les oisillons chantent ;
Tot o fassam en despieg del gilos.
    faisons la chose en dépit du jaloux.
Oy Dieus, oy Dieus de l'alba ! tan tost ve !
    Mon Dieu ! mon Dieu ! l'aube ! comme elle vient tôt !

Bels dous amicx, fassam un joc novel
    Beau doux ami, faisons encore un assaut
Yns el jardi, on chanton li auzel,
    dans le jardin où chantent les oiseaux,
Tro la gaita toque son caramelh.
    jusqu'à ce que le guetteur joue de son chalumeau.
Oy Dieus, oy Dieus de l'alba ! tan tost ve[4] ! »
    Mon Dieu ! mon Dieu ! l'aube ! comme elle vient tôt ! »

Cette voix féminine, elle retentit jusque dans les <u>chansons dites de croisade</u>, qui, plus souvent que des chansons belliqueuses, sont elles aussi des chansons de séparation d'avec l'être aimé :

S'il est biaus et je sui gente,	Il est beau, je suis charmante,
Sire, por quoi le feïs ?	Seigneur, pourquoi as-tu fait cela ?
Quant l'uns a l'autre alatente,	Puisque nous nous désirons l'un l'autre,
Por coi nos en departis ?	pourquoi nous as-tu séparés ?
.. ..	.. ..
Sa chemise qu'ot vestue	La chemise qu'il avait revêtue,
M'envoia por enbracier :	il me l'a envoyée pour que je la serre dans mes bras :

La nuit, quant s'amor m'argüe,	la nuit, quand l'amour pour lui me taraude,
La met avec moi couchier	je la mets à coucher avec moi,
Molt estroit a ma char nue,	tout contre ma chair nue,
Por mes maus assoagier[5].	pour adoucir mes maux.

Pour comprendre la sensualité audacieuse et douloureuse de ces derniers vers, il faut savoir que cette chemise serrée par la jeune femme contre sa chair nue, c'est la chemise de laine rugueuse, presque le cilice, que les croisés portaient par pénitence pendant la première étape du voyage.

Cette chanson est attribuée à un homme, le trouvère Guiot de Dijon. Attribution contestée, peut-être à juste titre. Mais beaucoup de chansons de femmes ont été composées par des hommes, comme ces chansons galiciennes-portugaises, dites *cantigas d'amigo*, qui font entendre – avec quelle passion mélancolique et simple ! – une voix féminine, et sont pourtant l'œuvre du roi Dom Denis de Portugal ou de Martín Codax.

Après tout, n'est-il pas rassurant qu'en poésie au moins, chaque sexe soit parfois capable, quoi qu'on en dise, de se mettre à la place de l'autre ?

C'était pendant tout le Moyen Âge, et déjà avant lui, et encore après lui.

6

« Roland a mis l'olifant à sa bouche »

ROLAND à Roncevaux sonne du cor pour appeler Charlemagne. C'est inutile. Il le sait. L'empereur arrivera trop tard. Son ami Olivier sera mort, l'archevêque Turpin sera mort, eux qui sont avec lui les seuls des douze pairs à survivre encore. Toute l'arrière-garde, dont l'empereur lui avait confié le commandement, a été massacrée. Lui-même va mourir, non des blessures qu'il a reçues, mais de celles qu'il s'inflige à lui-même en sonnant de ce cor jusqu'à ce que ses veines se rompent. Il va mourir le dernier et seul. Mais vainqueur : l'immense armée ennemie est en fuite, le roi Marsile lui-même, dont il a tranché le poing, retourne mourir misérablement à Saragosse et Charlemagne va revenir le venger. Écoutons la *Chanson de Roland*, ce poème de la fin du XIe siècle, la plus ancienne et la plus belle des chansons de geste : nous prendrons plus tard le temps d'expliquer ce que sont les chansons de geste.

Rollant ad mis l'olifan a sa buche,
>Roland a mis l'olifant à sa bouche,
Empeint le bien, par grant vertut le sunet.
>Il le serre bien, par grande vigueur en sonne.
Halt sunt li pui e la voiz est mult lunge :
>Hautes sont les montagnes, et le son porte loin :
Granz trente liwes l'oïrent il respundre.
>On entendit l'écho à plus de trente lieues.

Et un peu plus loin :

Li quens Rollant, par peine e par ahans,
>Le comte Roland avec peine et souffrance,
Par grant dulor, sunet sun olifan.
>à grande douleur sonne son olifant.
Parmi la buche en salt fors li cler sancs :
>Par la bouche jaillit à flots, très clair, son sang :
De sun cervel le temple en est rumpant.
>de son cerveau la tempe va se rompant.

Plus loin encore :

Li quens Rollant a la buche sanglente :
>Le comte Roland a la bouche sanglante :
De sun cervel rumput en est li temples.
>de son cerveau, rompue en est la tempe.
L'olifant sunet a dulor e a peine [1].
>L'olifant sonne à douleur et à peine.

Le cor de Roland à Roncevaux est une des images les plus fortes de notre imaginaire national. Un emblème de l'héroïsme et, plus encore, celui d'un sacrifice dont le sens dépasse la question de son utilité immédiate. Un emblème du sursaut victorieux quand tout paraît perdu et alors même qu'on ne peut plus espérer sauver sa propre vie. Un emblème de la France elle-même, tant cette situation s'est souvent répétée au cours de son histoire.

Le cor de Roland est une légende qui a modelé l'histoire. L'identité de Roland reste incertaine et son existence même douteuse. Ce qui s'est réellement passé à Roncevaux le 15 août 778, et dont nous savons très peu de chose, n'a pas eu de grandes conséquences. C'est le poème composé trois siècles plus tard, c'est la *Chanson de Roland*, qui est l'événement historique important. C'est elle qui a inventé l'histoire passée et c'est elle qui a influencé l'histoire à venir en suscitant la légende de Charlemagne et en créant un héros sacrificiel qui deviendra au fil des siècles un héros national.

Voilà ce qu'ont pu produire la force et la beauté du premier chef-d'œuvre poétique de la jeune langue française, avec ses phrases brèves, ses vers saccadés, la monotonie rugueuse de ses assonances (l'assonance est une sorte de rime imparfaite), ses reprises, presque ses refrains (*Halt sunt li pui*, « Hautes sont les montagnes… »), ses échos. Ainsi quand les cors de l'armée qui s'ébranle, mais trop tard pour le secourir, répondent à celui de Roland :

> Li empereres a fait suner ses corns.
> L'empereur a fait sonner ses cors.

Franceis descendent, si adubent lor cors.
        Les Français descendent de cheval pour s'armer.
.. ..
Halt sunt li pui e tenebrus e grant,
        Hautes sont les montagnes et ténébreuses et grandes,
Li val parfunt e les ewes curant.
        les vallées profondes, rapides les torrents.
Sunent cil graisle e derere e devant,
        Les trompes sonnent, à l'arrière, à l'avant,
E tuit rachatent encuntre l'olifant[2].
        et tous répondent au son de l'olifant.

7

« Ce sera Ganelon, mon parâtre »

ROLAND est mort à Roncevaux à cause du traître Ganelon. Mais pourquoi Ganelon est-il un traître ?

La *Chanson de Roland* est une épopée nationale, mais la trahison de Ganelon une affaire de famille recomposée. Ganelon est le beau-père (le *parâtre*) de Roland, qui est le neveu de Charlemagne. Il est le mari de la mère de Roland, elle-même la sœur de Charlemagne. Vous suivez ? Roland n'aime pas son beau-père, Ganelon est jaloux de son beau-fils.

Au début de la *Chanson*, Charlemagne veut désigner un ambassadeur pour se rendre auprès du roi sarrasin Marsile, qu'il assiège dans sa ville de Saragosse. Mission périlleuse, car Marsile est connu pour sa duplicité. L'empereur récuse tous ceux de ses proches qui se proposent, à commencer par Roland : ils lui sont trop chers pour être mis en danger. Qui donc envoyer ? « Ce sera Ganelon, mon parâtre[1] », dit Roland. Tous approuvent.

Ganelon entre dans une colère furieuse, qui redouble quand Roland s'offre insolemment à prendre sa place avant de lui rire au nez.

Cette colère, on la comprend : mine de rien, Roland vient de faire apparaître aux yeux de tous que l'empereur tient moins à la vie de Ganelon qu'à la sienne. L'honneur fait à Ganelon est une humiliation. Il annonce en partant qu'il en tirera vengeance.

De fait, il dit à Marsile qu'il fera en sorte que Roland et les douze pairs soient à l'arrière-garde quand Charlemagne repartira pour la France. Qu'une armée immense attaque cette petite arrière-garde : c'en sera fini de Roland.

Qui commandera l'arrière-garde, demande plus tard Charlemagne avant de passer les cols des Pyrénées ? « Ce sera Roland, mon fillâtre[2] », répond Ganelon en écho au « Ce sera Ganelon, mon parâtre » de Roland. Au tour de Roland de se mettre en colère. Si l'arrière-garde lui est confiée, dit-il, l'empereur ne perdra pas un cheval, pas un mulet, qui n'ait été disputé à l'épée. «Vous dites vrai, je le sais bien[3] », répond Ganelon. Il connaît son beau-fils. Il est sûr qu'il se fera tuer sur place.

Il a deviné juste. Quand, au début de la bataille, Olivier, son ami, lui demande de sonner du cor pour appeler l'empereur à l'aide, Roland refuse : ils se battront seuls. Quand plus tard, trop tard, il annonce enfin qu'il va sonner le cor, Olivier est en colère : pourquoi demander un secours qui n'arrivera plus à temps ? C'était tout à l'heure qu'il fallait sonner, quand le sort des armes en aurait été retourné.

Qui ne lui donnerait raison ? « Roland est preux (courageux) et Olivier est sage[4] », dit le poète. C'est pourtant Roland dont Dieu enverra ses anges recueillir l'âme. Parce que c'est un Dieu belliqueux ? Parce que c'est un Dieu sensible à l'humble retour du mourant sur lui-même ? Je cite le poème et je vous laisse juge :

> Li quens Rollant se jut desuz un pin,
>> Le comte Roland s'est couché sous un pin ;
>
> Envers Espaigne en ad turnét sun vis.
>> vers l'Espagne a tourné son visage.
>
> De plusurs choses a remembrer li prist :
>> De maintes choses il lui prit souvenance :
>
> De dulce France, des humes de sun lign,
>> de douce France, des hommes de son lignage,
>
> De Carlemagne, sun seignor, ki l'nurrit ;
>> de Charlemagne, son seigneur, qui l'éleva ;
>
> Ne poet muer n'en plurt e ne suspirt.
>> il ne peut s'empêcher de pleurer et de soupirer.
>
> Mais lui meïsme ne volt mettre en ubli,
>> Il ne veut pas, pourtant, s'oublier lui-même,
>
> Cleimet sa culpe, si prïet Deu mercit.
>> il bat sa coulpe, demande pardon à Dieu.
>
> .. ..
>
> Sun destre guant a Deu en puroffrit ;
>> Il présenta à Dieu son gant droit,
>
> Seint Gabrïel de sa main li ad pris.
>> et de sa main saint Gabriel l'a reçu.
>
> Desur sun braz teneit le chef enclin,
>> Il a laissé pencher sa tête sur son bras,

Juntes ses mains est alét a sa fin.
        et, les mains jointes, est allé à sa fin.
Deus li tramist sun angle Cherubin
        Dieu a envoyé son ange Chérubin
E seint Michel de la Mer del Peril,
        et saint Michel du Péril de la Mer,
Ensembl'od els seint Gabrëil i vint ;
        et avec eux y vint saint Gabriel ;
L'anme des cunte portent en pareïs [5].
        ils portent l'âme du comte en paradis.

La bataille où l'on dit que Roland est mort, c'était le 15 août 778. Le poème qui lui a donné vie, c'était à l'aube du XIIe siècle. Et entre-temps ?

8

Le silence des siècles

E̲N̲ 778, au retour d'une expédition devant Saragosse, l'arrière-garde de Charlemagne, qui franchit les Pyrénées au port de Cize, est attaquée à Roncevaux. Sur le moment, les annales royales n'en soufflent mot. Puis, les années passant, les historiens commencent à mentionner l'événement du bout des lèvres : des montagnards basques ont tendu une embuscade pour piller les bagages. Quinze ans après la mort de Charlemagne, son historien Eginhard cite de grands noms morts dans ce combat : le sénéchal Eggihard, le comte du palais Anselme et « Roland, duc de la marche de Bretagne ». Eggihard et Anselme nous sont connus d'autre part. De ce Roland, moins important que les deux autres puisque nommé en dernier, nous ne savons rien. A-t-il même existé ? Pourtant, trois cents ans plus tard, dans les dernières années du XIe siècle, c'est lui le héros du célèbre poème qui fait de Roncevaux une grande bataille livrée contre les Sarrasins.

Contre les Sarrasins : c'est ce que confirment les sources arabes, selon lesquelles la bataille a été livrée par les fils de l'émir de Saragosse qui ont ainsi libéré leur père que Charlemagne emmenait en otage : autrement dit, une défaite importante de l'armée franque. S'ils disent vrai, le poème qu'est la *Chanson de Roland*, composé trois siècles après l'événement, aurait raison sur un point essentiel contre les sources historiques contemporaines.

Mais où la *Chanson de Roland* a-t-elle puisé l'histoire qu'elle relate et tous ces personnages qui seront bientôt les héros d'autres poèmes ? Quels cheminements de la mémoire ont conduit, à travers ce que Joseph Bédier appelait « le silence des siècles », de l'événement de 778 au poème des alentours de 1100 ? Qu'y avait-il avant la *Chanson de Roland* ? Un bref récit latin, de quelques décennies antérieur à la *Chanson de Roland*, relate à sa façon l'expédition de Charlemagne en Espagne en mentionnant les noms de certains des douze pairs. Dès le XIe siècle on connaît, sur tout l'espace de la France actuelle, plusieurs couples de frères nommés Olivier et Roland. Mais Olivier est toujours l'aîné et Roland le cadet… Plusieurs chroniqueurs affirment que lors de la bataille de Hastings, qui en 1066 a livré l'Angleterre à Guillaume le Conquérant, un jongleur a entonné la *Chanson de Roland* pour donner du courage aux combattants normands. Oui, mais ils écrivent au début du XIIe siècle, après la composition de notre *Chanson de Roland*. Pourtant la *Chanson de Roland* est bel et bien normande…

La même question insoluble se pose pour toutes les « chansons de geste », qui, composées au XIIe ou au XIIIe siècle, gardent la mémoire lointaine et déformée, mais la mémoire tout de même, d'événements remontant à l'époque carolingienne (VIIIe-IXe siècles). Faut-il supposer l'existence d'une poésie populaire et orale, remontant à l'époque carolingienne, qui aurait fini par émerger dans la littérature écrite ? Faut-il voir au contraire dans les chansons de geste des œuvres nouvelles, composées à partir de quelques documents savants ? Vieille querelle d'érudits, mais qui met en jeu deux conceptions de la poésie. Querelle politique aussi, en son temps. Si les chansons de geste remontent au VIIIe siècle, elles ont pour source des poèmes germaniques : les langues romanes émergeaient à peine. Si elles sont une invention du XIe siècle, cette invention est française. Au temps de la rivalité franco-allemande, la question semblait d'importance.

Et l'expression même de « chanson de geste » ? Le français a pris le pluriel neutre latin *gesta*, « choses qui ont été accomplies », « hauts faits », pour un féminin singulier : c'est pourquoi il dit « la geste ». Le dernier vers de la *Chanson de Roland* est : *Ci falt* (« ici finit ») *la geste que Turoldus declinet*[1]

(« compose », ou « récite », ou « fait connaître ») : ce Turold est-il l'auteur du poème, celui de sa source, un jongleur qui le chantait, le copiste du manuscrit ? Nous n'en savons trop rien. Dans le doute, soyons généreux et faisons à cet inconnu l'hommage du vieux poème admirable auquel il a associé son nom.

C'était à la fin du XIe siècle.

9

Chansons de toile

Les chansons de geste sont des poèmes guerriers et des poèmes masculins. L'amitié de Roland pour Olivier semble plus compter à ses yeux que son amour pour sa sœur, la belle Aude, qu'il a promis d'épouser. À l'heure de sa mort, il pense à son épée Durendal, à son empereur, à la France et à Dieu, mais pas à celle qui attend son retour et qui mourra de douleur en apprenant brutalement sa mort : « À Dieu ne plaise, à ses saints, à ses anges / Qu'après Roland je reste vivante [1]. »

Quelques chansons de femmes, très anciennes ou qui veulent le paraître et qui répondent un peu, avec leur narration elliptique et leurs refrains, à l'idée que nous nous faisons des ballades populaires, font écho à la mort de la belle Aude, comme si elles étaient de petits morceaux de chansons de geste consacrées aux amours menacées de celles qui attendent le retour du guerrier. Elles partagent avec les chansons de geste la versification archaïsante, la raideur laconique, souvent (mais pas toujours) la mélodie simple et répétitive, enfin le récit distancié à la troisième personne, opposé à l'habituel « je » de la poésie lyrique. On les appelle pour cela « chansons d'histoire ». On les appelle aussi « chansons de toile », car leurs héroïnes trompent souvent l'attente en se livrant à un travail de broderie et les dames sont supposées les avoir chantées en s'occupant à de tels travaux. C'est du moins ce que prétend le romancier malicieux qui, au début du XIIIe siècle, en a cité plusieurs dans un de ses romans, comme si cet auteur de cour avait trouvé du charme à leur gaucherie.

Les autres sont conservées dans un unique manuscrit, comme celle-ci :

Quant vient en mai que l'en dit as lons jors,
    Quand vient le mois de mai, que l'on dit aux longs jours
Que Franc de France repairent de roi cort,
    Et que les Francs de France reviennent de la cour du roi,
Reynauz repaire devant, el premier front.
    Renaud revient devant, au premier rang.
Si s'en passa lez lo meis Arembor,
    Il passa devant la maison d'Erembourg,
Ainz n'en dengna le chief drecier amont.
    Mais n'en daigna pas lever les yeux pour autant.
E, Raynaut amis !
    Hélas ! Renaud, mon ami !

Bele Erembors a la fenestre au jor
    Belle Erembourg à la fenêtre, au jour,
Sor ses genolz tient paile de color.
    Sur ses genoux tient une soie colorée.

Voit Frans de France qui repairent de cort
    Elle voit les Francs de France qui reviennent de la cour
Et voit Raynaut devant, el premier front :
    Et voit Renaud devant, au premier rang :
En haut parole si a dit sa raison.
    À voix haute elle a dit ce qu'elle avait sur le cœur.
E, Raynaut amis !
    Hélas ! Renaud, mon ami !

« Amis Raynaut, j'ai ja veü cel jor,
    « Mon ami Renaud, j'ai connu le temps où,
Se passissoiz selon mon père tor,
    Si vous passiez sous la tour de mon père,
Dolanz fussiez se ne parlasse a vos.
    Vous auriez été triste que je ne vous parle pas.
– Jal mesfaïstes, fille d'empereor :
    – Vous vous êtes mal conduite, fille d'empereur :
Autrui amastes, si obliastes nos. »
    Vous en avez aimé un autre, vous nous avez oublié. »
E, Raynaut amis !
    Hélas ! Renaud, mon ami !

« Sire Raynaut, je m'en escondirai :
    « Seigneur Renaud, je m'en disculperai :
.. ..

C'onques nul home fors vostre cors n'amai.
    Je n'ai jamais aimé d'autre homme que vous.
Prennez l'emmende et je vos baiserai. »
    Acceptez cette justification et je vous baiserai. »
E, Raynaut amis !
    Hélas ! Renaud, mon ami !

Li cuens Raynaut en monta lo degré,
    Le comte Renaud monta l'escalier,
Gros par espaules, greles par lo baudre,
    Large d'épaules, les hanches étroites,

Blond ot lo poil, menu recercelé :
> Il avait les cheveux blonds, finement bouclés :

En nule terre n'ot si biau bacheler.
> Il n'y avait si beau jeune homme dans le monde entier.

Voit l'Erembors, si comence a plorer.
> Erembourg le voit, elle se met à pleurer.

E, Raynaut amis !
> Hélas ! Renaud, mon ami !

Li cuens Raynaut est montez en la tor,
> Le comte Renaud est monté dans la tour,

Si s'est assis en .I. lit point a flors.
> Il s'est assis dans un lit à la couverture brodée de fleurs.

Dejoste lui se siet bele Erembors :
> Auprès de lui s'est assise la belle Erembourg :

Lors recommence lor premières amors.
> Alors ils recommencent leurs premières amours.

E, Raynaut amis[2] !
> Hélas ! Renaud, mon ami !

Le regard de la chanson est celui d'Erembourg. D'elle, on dit seulement qu'elle est belle. Mais toute une strophe est consacrée à la description de Renaud : il est si beau qu'elle en pleure. Elle proteste de sa fidélité, s'humilie devant lui, qui la laissait tomber sur un simple soupçon. À la fin, il veut bien coucher à nouveau avec elle, puisqu'elle insiste. En ce sens, c'est une chanson qui finit bien. Si l'on veut... Mais le refrain, qui donne le ton, ne s'y trompe pas : il est triste. Voilà une chanson qui ne donne pas une idée enviable du sort des amoureuses.

10

Les deux sœurs

C'EST entendu. Les chansons de femmes, ces premières manifestations du lyrisme amoureux au Moyen Âge, ne donnent guère une idée enviable du sort des amoureuses. Est-il besoin de s'y attarder ? Oui, pour en lire encore une : une chanson de toile sans toile ni brodeuse. Une chanson à deux héroïnes, qui conte comment le lien entre deux sœurs est brisé par l'amour de l'une d'elles. Elle a été copiée à la va-vite, sans sa mélodie, à la fin du même petit manuscrit peu soigné qui nous a conservé une dizaine de chansons de toile :

Lou samedi a soir fat la semainne.
        Le samedi soir finit la semaine.
Gaiete et Oriour, serors germaine,
        Gaiete et Oriour, sœurs germaines,
Main et main vont bagnier a la fontaine.
        Main dans la main vont se baigner à la fontaine.
Vante l'ore et li raim crollent,
        Que souffle le vent, que ploie la ramée,

Ki s'antraimment soweif dorment.
>   Ceux qui s'aiment dorment doucement.

L'anfes Gerairs revient de la cuitainne.
>   Le jeune Gérard revient de la quintaine,
S'ait chosit Gaiete sor la fontainne,
>   Il a remarqué Gaiete près de la fontaine,
Antre ces bras l'ait pris, soueif l'a strainte.
>   Dans ses bras il l'a prise, doucement l'a étreinte.
Vante l'ore et li raim crollent,
>   Que souffle le vent, que ploie la ramée,
Ki s'antraimment soweif dorment.
>   Ceux qui s'aiment dorment doucement.

« Quant auras, Oriour, de l'ague prise,
>   « Quand tu auras, Oriour, puisé de l'eau,
Reva toi en arriere, bien seis la ville.
>   Retourne sur tes pas, tu connais le chemin de la ville.
Je remainrai Gerairt, ke bien me priset. »
>   Je resterai avec Gérard, car il m'aime bien. »
Vante l'ore et li raim crollent,
>   Que souffle le vent, que ploie la ramée,
Ki s'antraimment soweif dorment.
>   Ceux qui s'aiment dorment doucement.

Or s'an vat Oriour, teinte et marrie.
>   Alors Oriour s'en va, pâle et triste.
Des euls s'an vat plorant, de cuer sospire,
>   Des yeux elle va pleurant, du cœur elle soupire,
Cant Gaiete sa suer n'anmoinet mie.
>   Parce que sa sœur Gaiete, elle ne l'emmène pas.
Vante l'ore et li raim crollent,
>   Que souffle le vent, que ploie la ramée,
Ki s'antraimment soweif dorment.
>   Ceux qui s'aiment dorment doucement.

« Laise, fait Oriour, com mar fui nee !
>   « Hélas ! fait Oriour, que mon sort est triste !

J'ai laxiet ma serour an la vallee :
    J'ai laissé ma sœur dans la vallée :
L'anfes Gerairs l'anmoine an sa contree. »
    Le jeune Gérard l'emmène en sa contrée. »
Vante l'ore et li raim crollent,
    Que souffle le vent, que ploie la ramée,
Ki s'antraimment soweif dorment.
    Ceux qui s'aiment dorment doucement.

L'anfes Gerairs et Gaie s'an sont torneit.
    Le jeune Gérard et Gaie s'en sont allés,
Lor droit chemin ont pris vers la citeit.
    Ils ont pris le chemin tout droit vers la cité.
Tantost com il i vint, l'ait espouseit.
    À peine arrivés, il l'a épousée.
Vante l'ore et li raim crollent,
    Que souffle le vent, que ploie la ramée,
Ki s'antraimment soweif dorment[1].
    Ceux qui s'aiment dorment doucement.

Ce devrait être une chanson heureuse, et c'est une chanson triste. Le refrain a beau être l'expression d'une plénitude amoureuse apaisée, cela n'y change rien. On a d'ailleurs supposé qu'il avait pu inspirer celui du *Pont Mirabeau* de Guillaume Apollinaire, qui dit mélancoliquement la fidélité à un amour disparu : « Vienne la nuit sonne l'heure / Les jours s'en vont je demeure. »

Ce devrait être une chanson heureuse et le personnage principal devrait être Gaiete, l'amoureuse comblée, au nom plein de gaieté. Or c'est une chanson triste, dont le personnage principal est Oriour, au nom doux et plaintif. C'est si bien Oriour l'héroïne que le copiste du manuscrit s'est trompé et qu'il a écrit « il a choisi (c'est-à-dire remarqué, distingué) Oriour près de la fontaine » au lieu de « il a choisi Gaiete ». Le sens oblige à corriger. Et pourtant le copiste étourdi avait un peu raison : c'est Gaiete qu'a remarquée le jeune Gérard, mais nous nous souvenons d'Oriour.

Une chanson triste à cause de la tristesse d'Oriour. Tristesse d'être séparée de sa sœur ? Tristesse de n'être pas choisie ? Sans doute, mais peut-être aussi une autre tristesse, faite d'inquiétude pour le sort de Gaiete, que « le jeune Gérard emmène en son pays ». Que sait-on de ce jeune Gérard, qui revient de son jeu brutal (la quintaine est, on le sait, un exercice militaire qui consiste à abattre un mannequin d'un coup de lance), aperçoit Gaiete, l'étreint et l'enlève sans un mot ? Que sait-on de lui ? Qu'il aime Gaiete ? C'est elle qui le dit ; lui reste silencieux. Il semble ne connaître que le langage des gestes. « Je resterai avec Gérard car il m'aime bien » : raison suffisante ; de ses sentiments à elle, il n'est pas question.

La dernière strophe, épilogue de conte de fées, ne suffit pas à nous rassurer. Même dans les chansons qui finissent bien, les amours féminines restent menacées.

Comment dater cette chanson ? Le manuscrit est du XIIIe siècle.

11

Guillaume IX, le premier troubadour

> Lo coms de Peitieus si fo uns dels majors cortes del mon e del majors trichador de dompnas, e bons cavalliers d'armas e larcs de dompnejar ; e saup ben trobar e cantar. Et anet lonc temps per lo mon per enganar las domnas [1].

> Le comte de Poitiers était un des hommes les plus courtois du monde et l'un des plus grands trompeurs de dames ; aux armes, bon chevalier ; peu avare de ses manœuvres de séduction ; et il savait bien composer des poèmes et les chanter. Et il alla longtemps de par le monde pour tromper les dames.

Au tournant du XIe et du XIIe siècle, Guillaume, septième comte de Poitiers et neuvième duc d'Aquitaine de ce nom (1071-1126), est un des plus grands seigneurs de l'Occident. Voyant, tapageur, comédien, débauché, plusieurs fois marié, couvert de maîtresses, il fascine et scandalise les chroniqueurs de son temps. Non content de vivre publiquement avec la femme de son vassal, le vicomte de Châtellerault, il l'a fait peindre nue sur son écu, afin, dit-il, de la porter au combat comme elle le porte dans le lit.

À ce personnage haut en couleur sont attribués les plus anciens poèmes lyriques, les plus anciennes chansons intégralement conservées dans une des langues modernes de l'Europe, la langue d'oc. Certes, les chansons de femmes ont des racines plus anciennes, mais nous ne les connaissons que fragmentaires ou par des spécimens plus récents. La poésie dont Guillaume IX est, à notre connaissance, l'initiateur est d'une nature différente. Elle est porteuse d'une idée de l'amour et du lien qui unit la poésie à l'amour dont notre civilisation a vécu jusqu'à nos jours.

Guillaume IX est le premier des troubadours, ces poètes de langue d'oc qui aux XIIᵉ et XIIIᵉ siècles inventent, « trouvent » (en langue d'oc *trobar*, d'où leur nom) des chansons où s'exprime dans une forme poétique nouvelle une conception de l'amour faite d'une adoration à la fois respectueuse et brûlante, transgressive et codifiée, de la femme aimée. L'homme affiche, au moins en poésie, sa soumission entière à sa dame, c'est-à-dire, littéralement, sa maîtresse, celle dont il est le vassal et le serviteur, celle qu'il appelle au masculin « mon seigneur », *mi dons*. Il espère d'elle des faveurs qu'elle est libre d'accorder ou de refuser. Il souffre pour elle et par elle. Il éprouve les tourments et l'euphorie du désir. C'est ce que nous appelons l'amour courtois et qu'on appelait à l'époque la *fin'amor*, l'amour affiné, comme l'or fin est épuré dans le feu.

Cet amour, qui inspirera la poésie de ses successeurs, ne s'accorde cependant guère avec ce Guillaume IX, qui prétendait fonder un couvent de prostituées. Plusieurs de ses chansons, adressées à ses « compagnons », sont typiquement des chansons d'hommes entre eux. Elles traitent les femmes avec un cynisme truculent et sont, pour certaines, d'une obscénité remarquable. Mais sa poésie ne se réduit pas à cela. Elle est aussi capable de dire autre chose : l'émoi sensuel de la nature printanière, le déchirement de l'amoureux entre l'audace et la crainte, la fragilité de l'amour, le tremblement du désir :

La nostr'amors vai enaissi	Il en va de notre amour
Com la branca de l'albespi	comme de la branche de l'aubépine
Q'estai sobre l'arbre tremblan,	qui tremble sur l'arbre
La noig, a la ploi'e al gel,	la nuit, à la pluie et au gel,
Tro l'endeman, qe˙l sols s'espan	jusqu'au lendemain où le soleil inonde
Per la fueilla vert el ramell².	la feuille verte sur le rameau.

Il n'est pas chaste, ce désir, mais retenu, exacerbé par les limites qu'il fixe à l'imagination, d'autant plus brûlant qu'il ne va pas jusqu'à sa réalisation ultime et que son expression est à cent lieues des grasses plaisanteries dont le comte de Poitiers régale ailleurs ses compagnons :

Anqar mi membra d'un mati	Il me souvient encore d'un matin
Qe nos fezem de guerra fi	où nous avons mis fin à la guerre
E qe˙m donet un don tan gran,	et où elle m'a fait un don si grand,
Sa drudari'e son anel :	son amour et son anneau :
Anqar mi lais Dieus viure tan	que Dieu me laisse vivre jusqu'au moment
Qu'aia mas manz sotz son mantel[3] !	où j'aurai mes mains sous son manteau !

C'était au XIIe siècle.

12

La nature et l'amour

Pour nous, la nature est d'abord un spectacle. Pour le Moyen Âge, un contact. Nous la voyons comme un paysage avec ses dégradés, ses lointains, sa perspective. Le Moyen Âge, dont l'art ignore longtemps la perspective, en a une perception rapprochée. Il la voit tout près, en gros plan. La nature est ce qu'on touche, ce qu'on sent, ce qu'on entend, ce qui borne le regard et baigne le corps entier : une branche fleurie, une source et son déversoir, la tiédeur de l'air sur la peau, le parfum de la brise, l'odeur du froid. La nature, c'est le monde sensible et sa sensualité.

Rien d'étonnant si toutes les chansons d'amour du Moyen Âge commencent par dire les sensations de la nature avant de passer aux émotions de l'amour. C'est le printemps et je suis amoureux : quelle banalité ! Oui, mais pour nous, le printemps, c'est seulement le retour du beau temps : là est la banalité. Pour le troubadour de langue d'oc ou le trouvère de langue d'oïl (ai-je dit que c'est Dante qui le premier a ainsi désigné les langues selon la façon de dire « oui » dans chacune : la langue de si – l'italien, la langue d'oïl – le français, la langue d'oc ?). Je reprends : pour le troubadour ou le trouvère, le printemps, c'est l'herbe nouvelle qui dans le pré remplace l'herbe jaunie de l'hiver, c'est l'aubépine qui fleurit si tôt, blanche sur la branche noire, et que le gel de la nuit menace, comme dans la chanson de Guillaume IX que j'ai déjà citée, c'est le ruisseau dont l'eau est soudain limpide, débarrassée de la boue de l'hiver, c'est l'oiseau que l'on entend pour la première fois chanter à nouveau dans le buisson tout proche ou qui s'élance dans la campagne encore nue :

Pos vezem de novel florir	Puisque nous voyons à nouveau fleurir
Pratz, e vergiers reverdezir,	les prés, les vergers reverdir,
Rius e fontanas esclarzir,	ruisseaux et sources s'éclaircir,
Auras e vens,	brises et vents,
Ben deu cascus lo joi jauzir	il est juste que chacun jouisse
Don es jauzens[1].	de la joie dont il est jouissant.

Ou bien :

Quan lo rius de la fontana	Quand le ru de la source
S'esclarzis, si cum far sol,	coule plus clair, comme il le fait toujours au printemps,
E par la flors aiglentina,	et que paraît la fleur d'églantine,
E'l rossinholetz el ram	et que le rossignol sur la branche

Magnifique.

Volf e refranh ez aplana	répète, module, aplanit
Son dous chantar e afina,	sa douce chanson et la rend parfaite,
Dreits es qu'ieu lo mieu refranha.	il est bien juste que je module la mienne. |

Amors de terra lonhdana,	Amour de terre lointaine,
Per vos totz lo cors mi dol[2].	pour vous tout le cœur me fait mal.

Ou encore :

Lancan son passat li giure	Quand est passé le givre,
E no i reman puoi ni comba	qu'il a fui puys et combes,
Et el verdier la flors trembla	qu'au verger la fleur tremble
Sus en l'entrecim on poma...[3].	tout là-haut à la cime, où mûrira le fruit.

Mais, dit le poète, ne chanterai-je celle que j'aime qu'au printemps, quand la sève monte et que tout respire l'amour ? Non, j'ai le cœur fidèle et je l'aime toute l'année. Et il remplace son début printanier par un début hivernal : le jour est sombre et bref, le vent aigre, mais pour moi, c'est un éternel printemps, c'est comme si la joie d'aimer produisait en moi les jeunes pousses, les fleurs, les fruits de l'été :

Deiosta'ls breus iorns e'ls loncs sers,
    À l'approche des jours brefs, des longs soirs,
Quan la blanc'aura brunezis,
    quand l'air limpide s'assombrit,
Vuelh que branc e bruelh mos sabers
    je veux que pousse en branche, en surgeon mon savoir

D'un nou joy que'm fruich'e'm floris[4],
   d'une joie nouvelle qui pour moi se fait fleur et fruit,

René Char, poète de langue française, mais enraciné dans la terre et la langue d'oc, commencera ainsi sa *Lettera amorosa* :

   L'amour hélant, l'amoureuse viendra,
   Gloria de l'été, ô fruits[5].

Ce sera au XXe siècle. Mais Guillaume IX, Jaufré Rudel, Arnaut Daniel, Peire d'Auvergne, que nous venons d'entendre, c'était au XIIe siècle.

13

Une poésie compliquée comme l'amour

Je ne suis pas méridional. Quand je lis un poème dans l'ancienne langue d'oc, ma prononciation n'a rien de fluide. La rugosité que l'on perçoit tient peut-être à mes origines alsaciennes. Mais pas seulement. Cette rugosité, certains troubadours l'ont délibérément recherchée : ils accumulent les monosyllabes, les groupes de consonnes, les rimes si éloignées l'une de l'autre que l'oreille ne peut pas en être bercée. Ils s'expriment de façon obscure, énigmatique. Pourquoi ?

D'abord parce que ces poètes élitistes, d'esprit aristocratique même quand ils sont d'humble naissance, ne veulent pas profaner leur amour en le livrant en pâture au vulgaire. Ils veulent en réserver l'aveu à ceux qui sont dignes de le comprendre. C'est pourquoi certains d'entre eux cultivent un style hermétique, « fermé », disent-ils, le *trobar clus* (clos), tandis que d'autres ont un style facile, le *trobar leu* (léger), comme Giraut de Bornelh qui dit se réjouir d'entendre ses chansons dans la bouche de femmes du peuple à la fontaine.

Mais il y a une autre raison. La *fin'amor*, l'amour courtois, n'est pas un amour facile. Il est exigeant. Il sait que le désir meurt d'être trop vite assouvi comme il souffre de ne pas l'être, et qu'il y a ainsi dans l'amour – la seule maladie, disait-on, dont on ne souhaite pas guérir – une contradiction inévitable, un déchirement irrémédiable, un mélange inextricable d'euphorie et de souffrance. Or, le Moyen Âge pense que la poésie doit ressembler à l'amour qu'elle exprime, car il fait de la qualité de la poésie le critère de la sincérité de l'amour. Comment la poésie peut-elle ressembler à l'amour ? En étant, comme lui, tourmentée, déchirée, contradictoire, à la fois douce et âpre.

Voici, sur le même thème, un exemple de *trobar leu* et un exemple de *trobar clus*. Ce sont deux de ces strophes hivernales, dont j'ai déjà parlé, fondées sur la contradiction entre l'hiver glacial et l'amour brûlant, contradiction qui en suggère une autre, entre la froideur de la femme aimée et l'ardeur du désir. Ici, le troubadour adepte du *trobar clus*, Raimbaut d'Orange, récrit sous une forme torturée et difficile la strophe de l'adepte du *trobar leu*, Bernard de Ventadour.

Cette strophe est pourtant déjà fondée sur la contradiction :

Tant ai mo cor ple de joya,	J'ai le cœur si plein de joie
Tot me desnatura.	qu'il dénature toute chose pour moi.
Flor blancha, vermelh'e groya	Fleur blanche, vermeille et jaune,
Me par la frejura,	voilà ce que me paraît la froidure,
C'ab lo ven et ab la ploya	car le vent et la pluie
Me creis l'aventura,	accroissent mon bonheur,
Per que mos chans mont'e poya	grâce à quoi mon chant s'élève et culmine,
E mos pretz melhura.	et mon mérite s'améliore.
Tan ai al cor d'amor,	J'ai au cœur tant d'amour,
De joi e de doussor,	de joie et de douceur
Per que'l gels me sembla flor	que le gel me semble fleur
E la neus verdura¹.	et la neige verdure.

Mais voici que Raimbaut d'Orange renchérit sur le paradoxe. Le poète ne dit plus que le gel lui semble être une fleur. Le gel est une fleur, et cette fleur est l'inverse d'une fleur. C'est une fleur qui fait mal, qui coupe, qui tranche. Et il fait sentir cette blessure en écorchant l'oreille de sonorités dont l'âpreté n'est pas due seulement à mon mauvais accent :

Er resplan la flors enversa	Voici que resplendit la fleur inverse
Pels trencans rancx e pels tertres.	sur les rocs tranchants, sur les tertres.
Quals flors ? Neus, gels e conglapis,	Quelle fleur ? Neige, gel, givre,
Que cotz e destrenh e trenca,	qui frappe, tourmente, tranche,
Don vey morz quils, critz, brays, siscles	dont je vois morts pépiements, cris, bruits, sifflements
Pels fuels, pels rams e pels giscles².	en feuilles, branches, jeunes pousses.

Tout cela est compliqué. Mais l'amour est-il simple ? Qu'ils fussent tenants du *trobar clus* ou du *trobar leu*, les troubadours ne le pensaient pas. C'était au XIIe siècle.

14

Les jongleurs

Les troubadours, nous l'avons vu, n'étaient pas des *babas cool* à guitare, mais des poètes exigeants et des hommes de cour (d'où les expressions « poète courtois », « amour courtois »). Ils recherchaient avant tout l'élégance des manières, de l'esprit, des sentiments.

Mais le jongleur, qui s'adressait au bon peuple sur la place du marché ou de la cathédrale ? Existait-il, ce jongleur ? Oui, il existait.

Un jongleur, du latin *joculator* (*jocus*, le jeu), était un amuseur. Un amuseur qui jonglait, au sens moderne du terme, qui montrait des animaux comme dans *Les Visiteurs du soir*, qui animait les banquets, qui faisait des tours de force ou d'adresse, qui faisait le pitre, qu'on soupçonnait de faire pire encore si c'était une jongleresse, et qui parfois aussi racontait des histoires et chantait des poèmes. Cette dernière activité le sauvait. Elle le sauvait au sens propre : elle assurait son salut éternel. Au début du XIIIᵉ siècle, un théologien anglais, Thomas de Chobham, explique dans un traité à l'usage des confesseurs que les jongleurs ne peuvent pas recevoir l'absolution et qu'ils vont en enfer, sauf ceux qui chantent les vies des saints et les *gesta*, les faits et gestes des grands, autrement dit des chansons de geste [1].

Ils les chantaient sur les places des villes, les routes des pèlerinages, le parvis des sanctuaires, comme dans les châteaux. Sur ce point, l'image d'Épinal est juste. Les chansons de geste s'ouvrent généralement sur une sorte de boniment du jongleur qui vante l'intérêt de l'histoire et assure en connaître seul la version authentique, que ses confrères massacrent. Quelquefois il annonce, au milieu d'un épisode passionnant, qu'il va s'interrompre pour boire un coup ou pour faire la quête et qu'il ne reprendra que si elle est suffisante. Il est vrai que tout cela est dit en vers, intégré au poème et soigneusement recopié dans un manuscrit, sans quoi nous n'en aurions plus de trace : mais l'artifice n'a de sel que s'il fait écho à une réalité.

Parfois le jongleur était au service d'un troubadour, dont il chantait les chansons. Parfois un troubadour ruiné devait se faire jongleur, c'est-à-dire vivre de son art. Alors ces deux catégories si différentes se rejoignaient. À la fin du XIIIᵉ siècle, un des derniers troubadours, Guiraut Riquier, demande dans une supplique en vers au roi de Castille Alphonse X le Savant, lui-même poète, d'interdire aux jongleurs de porter le titre de troubadour[2].

Le rêve du jongleur était que les grands donnent des fêtes somptueuses, égayées par de nombreux jongleurs royalement récompensés en argent, en vêtements, voire en chevaux. Le rêve du rêve était de trouver une situation stable au service d'un protecteur unique et de devenir *ménestrel*, du latin *ministerialis* (c'est le même mot que ministre), c'est-à-dire serviteur rémunéré d'un seigneur, d'un prince ou aujourd'hui de l'État. Peu y parvenaient, mais beaucoup se paraient de ce titre, de sorte qu'il s'est très vite dévalué.

Le jongleur restait ainsi dans sa misère. L'un d'eux, nous dit un conte en vers[3], était entré comme frère lai dans un monastère. Un jour, devant la statue de la Vierge, il se désolait de n'être bon à rien et de n'avoir rien à lui offrir, alors que tous les moines autour de lui étaient si savants dans la science et le service de Dieu. Lui, tout ce qu'il savait faire, c'était l'acrobate. Il se mit donc à enchaîner des sauts périlleux devant la Vierge et en son honneur. L'abbé survint au même moment et, indigné de ce manque de respect, s'apprêtait à le punir sévèrement, quand il vit la statue s'animer, la Vierge se pencher et, de son voile, essuyer la sueur qui coulait sur le visage du jongleur.

C'était au XIIIe siècle.

15

Lire et entendre

LE monde médiéval est à la fois un monde de l'oral et un monde de l'écrit.

Le jongleur chante des chansons de geste. Le troubadour chante ses poèmes ou les fait chanter. Yvain, le Chevalier au Lion de Chrétien de Troyes (le roman date de la fin des années 1170), trouve dans le jardin d'un château une jeune fille en train de faire la lecture à ses parents :

Apuyé voit deseur son coute	Il voit, appuyé sur son coude,
Un prodomme qui se gesoit	un seigneur allongé
Seur.i. drap de soie, et lisoit	sur un drap de soie ; et devant lui
Une puchele devant li	une jeune fille lisait à haute voix
En un rommans, ne sai de cui.	un roman, je ne sais au sujet de qui.
Et pour le rommans escouter	Et, pour écouter le roman,
S'i estoit venue acouter	une dame était venue là s'accouder :
Une dame, et estoit sa mere,	c'était sa mère,
E li prodons estoit son pere[1].	et le seigneur était son père.

Au Moyen Âge, même quand on sait lire, ce qui n'est pas si rare, on lit peu soi-même : on écoute. Le pauvre écoute le jongleur sur la place, le puissant son chapelain dans sa grande salle. Jean Froissart raconte fièrement dans ses *Chroniques* que, séjournant à Orthez à l'automne 1388, il montait chaque soir au château pour lire au comte de Foix Gaston Phébus son immense roman de *Méliador*.

Tout s'écoute : les chansons, bien sûr, mais aussi les poèmes, les romans, les chroniques, l'histoire sainte. Oui, mais ces chansons, ces poèmes, ces romans, ces chroniques, nous les connaissons, nous aussi. Nous les connaissons parce que nous pouvons les lire. Nous pouvons les lire parce qu'ils ont été écrits. Ils ont été copiés à la main dans des manuscrits (l'imprimerie n'a pas encore été inventée), sur le parchemin, puis, à la fin du Moyen Âge, sur le papier.

Ils ont été copiés les uns sur les autres. La littérature médiévale est faite pour être écoutée. Elle se consomme par l'oreille. Mais elle est conservée par écrit et se propage par l'écrit. Les manuscrits se lisent, se contemplent quand ils sont enluminés, circulent, s'empruntent pour être recopiés.

Le monde médiéval est avant tout un monde de l'oral. Le monde médiéval est avant tout un monde de l'écrit. Les deux sont vrais.

Un monde de l'oral : la littérature ne prend vie que par la voix ; elle se nourrit de mythes et de légendes transmis oralement ; tous les actes publics ou religieux sont énoncés ou proclamés.

Un monde de l'écrit : ce qui fait foi, c'est la charte écrite et scellée ; la religion se fonde sur les Écritures ; et toutes les actions des hommes, dit-on, sont écrites dans un grand livre qui sera produit au jour du Jugement dernier : *Liber scriptus referetur / In quo totum continetur*, « Un livre écrit sera apporté, dans lequel tout sera contenu », chante le *Dies irae*.

Un monde qui est à la fois un monde de l'oral et un monde de l'écrit doit-il nous surprendre ? Ne peut-on en dire autant du nôtre, saturé d'images et de sons, mais où celui qui ne sait ni lire ni écrire est un exclu ?

J'ai exagéré, cependant, en disant que la lecture individuelle ne se pratiquait pas au Moyen Âge. Et même la lecture silencieuse : saint Augustin déjà, à la fin du IVe siècle, s'émerveillait de voir son maître saint Ambroise lire sans remuer les lèvres ; son étonnement était à la mesure de la performance. Mais, sans même nous élever jusqu'à ces grands saints et ces grands intellectuels, voyez l'héroïne d'une de nos humbles chansons de toile :

Bele Doette as fenestres se siet,	Belle Doette à la fenêtre est assise,
Lit en un livre, mais au cuer ne l'en tient :	elle lit en un livre, mais son cœur est ailleurs :
De son ami Doon li resovient,	il lui souvient de son ami Doon,
Q'en autre terre est alez tornoier.	parti au tournoi en terre étrangère.
E or en ai dol[2] !	Et maintenant j'en ai deuil !

Elle ne prête guère attention à son livre, la pauvre Doette, et peut-être bien qu'elle le lit en remuant les lèvres. Mais tout de même, elle le lit seule. C'était au XIIIe siècle.

16

L'amour lointain

Je reviens aux troubadours. On ne les quitte qu'à regret. Tellement à regret qu'au Moyen Âge même, c'est assez tard que leurs poèmes ont été rassemblés dans de beaux manuscrits : à la fin du XIIIe et au XIVe siècle, quand leur grande époque était déjà passée. Et on a entretenu leur mémoire en copiant aussi dans ces manuscrits des récits de leurs vies et des circonstances dans lesquelles leurs chansons auraient été composées. Ces récits sont largement inventés à partir des chansons elles-mêmes. On ne peut s'y fier pour la vérité historique. Mais on peut s'y fier pour la sensibilité poétique.

L'un d'eux est aujourd'hui encore bien connu. C'est l'histoire de Jaufré Rudel, troubadour qui nous a laissé, dans le premier tiers du XIIe siècle, cinq ou six poèmes dont trois chantent la nostalgie douloureuse d'un « amour lointain », d'un « amour de terre lointaine » (nous avons lu le début de l'un d'eux il y a quelques jours). Sa *vida*, sa vie, a été écrite en brodant, semble-t-il, sur quelques détails qui s'y trouvent (« Je voudrais être pèlerin là-bas, pour que mon bâton et ma couverture fussent contemplés par ses beaux yeux », « Pour elle, au pays des Sarrasins, je voudrais être appelé captif ») :

> Jaufré Rudel de Blaye était de haute noblesse, prince de Blaye. Et il s'enamoura de la comtesse de Tripoli sans la voir, pour le bien qu'il en entendait dire aux pèlerins qui revenaient d'Antioche. Et il fit sur elle maints poèmes avec de belles mélodies et de pauvres paroles. Et par désir de la voir, il prit la croix et s'embarqua sur la mer. Il tomba malade sur le navire et, à Tripoli, fut transporté pour mort dans une auberge. On le fit savoir à la comtesse et elle vint à lui, jusqu'à son lit, et elle le prit entre ses bras. Et il comprit que c'était la comtesse, il recouvra l'ouïe et l'odorat, il loua Dieu de l'avoir maintenu en vie jusqu'à ce qu'il l'eût vue, et ainsi il mourut entre ses bras. Et elle le fit ensevelir à grand honneur dans le couvent des Templiers, et puis le jour même elle se fit nonne pour la douleur qu'elle eut de sa mort (*e pois, en aquel dia, ella se rendet morga, per la dolor qu'ella n'ac de la mort de lui*)[1].

Je passe sur toutes les bonnes raisons que nous avons de penser que cette histoire est une pure invention. Mais c'est une belle invention, qui a fait rêver jusqu'à nos jours et dont les poètes se sont emparés. L'amour de loin a été perçu par les romantiques comme l'exacerbation d'un amour sublimé et sacrificiel, qui n'attend rien et n'en est pour cela ni moins brûlant ni moins fidèle. Mais les poèmes de Jaufré Rudel lui-même, bien qu'ils semblent baigner dans un rêve à la fois limpide et mystérieux, sont moins éthérés. Ils disent la souffrance du désir et l'amertume de la frustration. Ainsi à la fin du plus célèbre, *Lancan li jorn son lonc en mai* (« Quand les jours sont longs en mai »), tout au long duquel, de façon lancinante, « de loin » revient à la fin du deuxième et du quatrième vers de chaque strophe :

> Dieus, que fetz tot quant ve ni vai
> > Que Dieu, qui fit tout ce qui va et vient
>
> E formet sest'amor de lonh,
> > et qui créa cet amour de loin,
>
> Mi don poder, que cor ieu n'ai,
> > me donne le pouvoir, car j'en ai le désir,
>
> Qu'ieu veia sest'amor de lonh,
> > de voir cet amour de loin,
>
> Veraiamen, en tals aizis,
> > pour de vrai, de façon si plaisante
>
> Si que la cambra e'l jardis
> > que la chambre et le jardin
>
> Mi resembles totz temps palatz !
> > soient pour moi toujours un palais !

> Ver ditz que m'apella lechai
> > Il dit vrai, celui qui m'appelle avide
>
> Ni deziron d'amor de lonh,
> > et désireux d'amour de loin,
>
> Car nulhs autres jois tan no'm plai
> > car nulle autre joie ne me plaît tant
>
> Cum jauzimens d'amor de lonh.
> > que la jouissance de l'amour de loin.
>
> Mas so qu'ieu vuelh m'est atahis
> > Mais ce que je veux m'est refusé,

> Qu'enaissi'm fadet mos pairis
> > car mon parrain m'a jeté ce sort,
> Qu'ieu ames e non fos amatz[2].
> > d'aimer et de n'être pas aimé.

Quel adolescent ne pourrait dire ces vers ? C'était au XIIe siècle.

17

Jouissance et souffrance

Heureux ou malheureux, l'amour est un mélange d'exaltation et de souffrance. Et la souffrance la plus aiguë est d'envier la jouissance de l'autre. Les troubadours le répètent et, plus encore peut-être, les récits prétendument biographiques composés à partir de leurs poèmes, comme la *vida* de Jaufré Rudel.

La joie douloureuse de l'amour, les troubadours ont un mot pour la dire : c'est le *joi*, mot masculin qui ne se confond pas avec le mot féminin joie, *joya*. Jaufré Rudel, toujours lui, applique ainsi le mot *joi* à l'angoisse de la frustration amoureuse et au plaisir décevant du rêve érotique :

D'aquest amor sui cossiros
  À cause de cet amour je suis dans l'angoisse
Vellan e pueis sompnhan dormen :
  quand je veille et puis quand je dors, en songe :
Quar lai ai joi meravelhos,
  j'éprouve alors une joie surnaturelle,

Per qu'ieu la jau jauzitz jauzen[1].
   car je jouis avec elle, donnant et recevant du plaisir.

Quant à l'envie de la jouissance de l'autre, elle s'exprime dans la première strophe de la chanson la plus célèbre du plus célèbre troubadour, la chanson de l'alouette de Bernard de Ventadour :

Can vei la lauzeta mover	Quand je vois l'alouette agiter
De joi sas alas contra'l rai,	de joie ses ailes face au rayon de soleil,
Que s'oblid'e's laissa chazer	puis s'oublier elle-même et se laisser tomber
Per la doussor c'al cor li vai,	à cause de la douceur qui entre dans son cœur,
Ai ! tan grans enveya m'en ve	Hélas, quelle envie me vient
De cui qu'eu veya jauzion !	de quiconque je vois jouissant !
Meravilhas ai, car desse	Je m'étonne qu'à l'instant
Lo cor de dezirer no'm fon[2].	mon cœur ne fonde de désir.

Le geste d'apparence suicidaire de l'alouette, qui replie brusquement ses ailes et se laisse tomber comme une pierre, n'est pas rapporté par le poète à la mort, mais à la petite mort, à la jouissance amoureuse. C'est, pense-t-il, « la douceur qui lui vient au cœur » qui fait que l'alouette perd conscience d'elle-même. Et le sentiment que ce spectacle fait naître chez lui est « l'envie de quiconque il voit jouissant ».

Sur ce thème, les vies des troubadours inventent les anecdotes les plus étranges. Celle-ci, par exemple.

Le troubadour Guilhem de Balaün était un homme heureux. Non seulement son amour pour Guilhelma, épouse du seigneur de Jaujac, était partagé (en tout bien tout honneur ou non, il est difficile de le savoir, et surtout la frontière n'était pas placée où nous la mettrions, nous), mais encore son ami Peire de Barjac filait de son côté le parfait amour avec une autre dame du château de Jaujac, Vierneta. Un jour, Peire et Vierneta se disputent et Guilhem les réconcilie. En le remerciant, Peire lui confie que l'amour est encore meilleur après une brouille et une réconciliation. Aussitôt, Guilhem cherche à se brouiller avec Guilhelma pour pouvoir ensuite se réconcilier avec elle et éprouver lui aussi ce plaisir suprême. Mais voilà que la douce et aimante Guilhelma supportait les pires avanies, qui la faisaient pourtant cruellement souffrir, sans pour autant se mettre en colère. Il finit tout de même par se rendre si odieux qu'elle se fâcha pour tout de bon et lui signifia son congé définitif. Pris à son propre piège, il la supplia longtemps de lui pardonner, mais en vain. À la fin, elle se laissa fléchir et lui fit dire qu'il aurait son pardon s'il s'arrachait l'ongle du petit doigt et le lui envoyait. Ce qu'il fit[3].

Inutile de gloser sur la souffrance et la jouissance, sur le plaisir et la rage de faire mal et de se faire mal. L'histoire parle d'elle-même. C'était au XIIIe siècle.

18

Le roi Arthur

LES Bretons attendaient le retour du roi Arthur. On se moquait d'eux, ils avaient le sang vif et cela se terminait par des bagarres, comme celle qui se serait produite en 1113 au dire du chroniqueur Herman de Tournai.

Le retour du roi Arthur… Avait-il seulement existé, le roi Arthur ? Il aurait été au début du VIe siècle un chef breton vainqueur des Saxons à la bataille du mont Badon. Mais les premiers témoignages, quand ils nomment ce vainqueur, font de lui non un Celte, mais un Romain nommé Ambrosius Aurelianus. Il faut attendre les alentours de 800 et l'*Historia Brittonum*[1] (Histoire des Bretons) attribuée à Nennius pour qu'il reçoive le nom d'Arthur. Toutefois, vers 600 déjà, ce nom est cité comme parangon de vaillance dans un poème gallois et il apparaît sur une monnaie retrouvée récemment.

Tout cela est bien incertain. Qu'importe ? Le

vrai roi Arthur n'est pas ce fantôme historique, mais le personnage littéraire qui prend forme et consistance au début du XIIe siècle dans les *Gesta regum Anglorum* (Faits des rois des Anglais) de Guillaume de Malmesbury (1125) et surtout dans l'*Historia regum Britanniae* (Histoire des rois de Bretagne, c'est-à-dire de Grande Bretagne) de l'évêque gallois Geoffroy de Monmouth (1136). À partir du milieu du siècle, cet ouvrage fait l'objet de traductions françaises (depuis Guillaume le Conquérant, la cour et la noblesse anglaises sont francophones), dont la plus célèbre est celle du clerc normand Robert Wace : c'est le *Roman de Brut*, du nom de Brutus, arrière-petit-fils d'Énée, supposé avoir conquis l'Angleterre et en avoir été le premier roi. Dans le *Brut*, Arthur, son histoire et les merveilles de son règne occupent une place disproportionnée : c'est le début de sa fortune littéraire.

Les merveilles de son règne : le monde du roi Arthur est celui du merveilleux, mêlant légendes celtiques et souvenirs antiques. On n'y croit qu'à moitié. À la cour d'Henri II Plantagenêt, les historiens sérieux et le roi lui-même en sourient : « Cet Arthur est celui dont les Bretons font aujourd'hui encore des récits absurdes », écrit Guillaume de Malmesbury[2]. On n'y croit qu'à moitié, mais on est séduit. Wace est séduit : il en rajoute sur son modèle, il est le premier à parler de la Table ronde. Mais il n'y croit qu'à moitié :

... la Roünde Table   ... la Table ronde
Dont Breton dient mainte fable[3]. sur laquelle les Bretons
                                    inventent tant d'histoires.

Il raconte ailleurs son décevant pèlerinage à la fameuse fontaine de Barenton : il a versé des litres d'eau sur la margelle, ce qui aurait dû déclencher la tempête du siècle, et il ne s'est rien passé : « Bête j'étais venu, bête je suis reparti ». À propos des aventures merveilleuses qui ont marqué le règne du roi Arthur, il écrit :

En cele grant pais ke jo di,
    Au milieu de la grande paix que je vous dis,
Ne sai si vos l'avez oï,
    je ne sais si vous en avez entendu parler,
Furent les merveilles pruvees
    se sont produites les merveilles
E les aventures truvees
    et se sont rencontrées les aventures
Ki d'Artur sunt tant recuntees
    qu'on raconte tellement au sujet d'Arthur
Ke a fable sunt aturnees :
    que tout est devenu fiction :
Ne tut mençunge, ne tut veir,
    ni tout à fait faux ni tout à fait vrai,
Tut folie ne tut saveir.
    ni sottise complète ni complète raison.
Tant unt li cunteür cunté
    Les conteurs ont tant conté,
E li fableür tant fablé
    les inventeurs de fables tant inventé de fables
Pur lur cuntes enbeleter,
    pour embellir leurs contes,

Que tut unt fait fable sembler[4].
qu'ils ont tout fait ressembler à de la fable.

Chrétien de Troyes justifiera quelques années plus tard ce « ni tout à fait vrai, ni tout à fait faux » : l'histoire que je vous raconte, dira-t-il, n'est peut-être pas vraie, mais elle contient une vérité. Le sens en est vrai. C'est ainsi qu'il inventera le roman moderne. C'était au XIIe siècle.

19

Seul, comme un chevalier errant doit l'être

Qu'il y ait eu ou non au VIe siècle un chef de guerre nommé Arthur n'y change rien : c'est au génie d'un romancier du XIIe siècle, Chrétien de Troyes, que le roi Arthur doit d'avoir régné pendant de longs siècles sur le roman et sur l'imaginaire.

Chrétien prend toujours l'air entendu : le roi Arthur, vous le connaissez tous, inutile de vous raconter son histoire. Mais je vais vous en conter une qui s'est passée sous son règne, il y a bien longtemps, dans un temps qui n'est plus le nôtre, quand les chevaliers étaient courageux et les amoureux fidèles :

<blockquote>
Or est Amours tournee a fable,
> De nos jours, Amour devient une fiction,
Par chou que chil qui riens n'en sentent
> parce que ceux qui ne l'éprouvent pas
</blockquote>

Dïent qu'il ayment, mes il mentent ;
>disent qu'ils aiment, mais ils mentent ;
Et chil fable et menchongne en font
>et ceux qui en font une fiction et un mensonge
Qui s'en vantent et droit n'i ont[1].
>se vantent d'aimer sans en avoir le droit.

Pour Chrétien *de Troyes*, inventer une histoire, ce n'est pas cela, mentir. Mentir, c'est feindre un sentiment que l'on n'éprouve pas, c'est tricher avec soi-même.

Ses cinq romans en vers français, écrits entre 1170 et 1185 environ, montrent tous de jeunes chevaliers qui, au fil de leurs aventures, découvrent l'amour, se découvrent eux-mêmes et voient se dessiner leur destin. Chacun de ces destins éclaire un épisode de la grande fresque des « aventures de Bretagne » sous le règne d'Arthur, qui est comme la toile de fond de ces romans. Chacun de ces héros aspire à être digne des valeurs de la Table ronde : le courage, la fidélité, l'élégance au service de l'amour et amplifiés par l'amour, le tout sous le regard de Dieu :

Li boins roys Artus de Bretaigne,
>Le noble roi Arthur de Bretagne,
La qui proeche nous ensengne
>dont la prouesse nous enseigne
Que nous soions preus et cortois...[2].
>à être preux et courtois...

C'est le début du quatrième roman de Chrétien, dont j'ai déjà cité il y a un instant quelques vers, *Le Chevalier au Lion*.

Ces valeurs courtoises étaient celles de la société aristocratique de son temps. C'étaient celles de sa protectrice, la comtesse Marie de Champagne, fille du roi de France Louis VII et d'Aliénor d'Aquitaine, elle-même petite-fille de notre vieil ami Guillaume IX, le premier troubadour.

Pour se montrer digne de ces valeurs, le héros part seul à l'aventure. Chrétien invente un type littéraire promis à un grand avenir, celui du chevalier errant.

Le chevalier errant est une pure fiction. Il ne pouvait pas exister dans la réalité. Non parce qu'il n'aurait rencontré ni châteaux enchantés ni géants ni demoiselles en détresse (cette dernière catégorie au moins pouvait se trouver), mais parce qu'il était impossible de revêtir seul une armure, impossible de chevaucher ainsi harnaché des jours de suite, impossible d'utiliser un cheval de combat (destrier) comme cheval de voyage (palefroi), et donc de se passer d'un écuyer qui conduisait par la bride le destrier de son maître de la main droite (d'où le mot « destrier »). À la fin du Moyen Âge, on organisera des fêtes et des joutes à thème arthurien, dont les participants porteront le nom de chevaliers de la Table ronde et mimeront leurs aventures. Mais seul un fou comme Don Quichotte aura l'idée de se faire réellement chevalier errant.

Et pourtant, toujours dans *Le Chevalier au Lion*, le chevalier Calogrenant se décrit ainsi sur le chemin de l'aventure :

> Il avint, pres a de .vi. ans,
>> Il advint, voilà bientôt six ans,
> Que je, seus comme païsans,
>> que, seul comme un paysan,
> Aloie querant aventures,
>> j'allais en quête d'aventures,
> Armés de toutes armeüres
>> revêtu de toutes mes armes
> Si come chevaliers doit estre ;
>> comme un chevalier doit l'être ;
> Et trouvai un chemin a destre
>> et je trouvai un chemin sur ma droite
> Par mi une forest espesse[3].
>> au milieu d'une forêt épaisse.

C'était la forêt de Brocéliande. Demain, nous suivrons ce chemin. L'aventure a commencé.

C'était au XIIe siècle.

20

La fontaine enchantée

On peut encore la voir dans la forêt de Brocéliande, cette fontaine enchantée, la fontaine de Barenton. Mais si aujourd'hui vous versez de l'eau sur la margelle, vous n'aurez pas plus de succès que Wace il y a neuf cents ans : il ne se passera rien et, comme lui, vous repartirez Gros-Jean comme devant. Tandis que si vous lisez le *Chevalier au Lion* de Chrétien de Troyes et si, avec Calogrenant, vous quittez le grand chemin pour le sentier herbu qui s'enfonce dans l'épaisse forêt, alors l'aventure vous attend.

Mais qu'est-ce qu'une aventure ? Dans une friche, Calogrenant trouve un vilain, un paysan, si laid qu'il en est à peine humain, si proche des forces de la nature qu'il se fait obéir d'un troupeau de taureaux sauvages. Il lui demande s'il connaît dans le coin une aventure à affronter. Le vilain répond qu'il ne sait pas ce qu'est une aventure – l'aventure, c'est pour les chevaliers, mais, dit-il, si Calogrenant poursuit son chemin, il trouvera une fontaine merveilleuse sous un grand pin où chantent les oiseaux. Qu'il verse seulement de l'eau sur la margelle et il verra... Ce que Calogrenant voit, c'est que les oiseaux se taisent, que le ciel s'assombrit, qu'une tempête effroyable se déchaîne, qu'un chevalier noir sort de la forêt, le défie, le désarçonne et repart. Voilà ce qu'un chevalier errant appelle une aventure[1].

Cette aventure, qui est « non à sa gloire, mais à sa honte », le modeste Calogrenant la raconte cependant de bonne grâce à la cour du roi Arthur, où tous décident aussitôt d'aller la tenter. Mais son cousin Yvain veut en avoir la gloire. Il part avant les autres, trouve le vilain, la fontaine, la tempête, est vainqueur du chevalier noir, le blesse, le poursuit jusqu'à son château, veut y pénétrer à sa suite. On baisse la herse pour l'en empêcher, mais un instant trop tard, juste derrière son dos : elle coupe son cheval en deux, mais lui, il est à l'intérieur. Voilà que devant lui une autre herse se baisse : il est prisonnier. Non : une jeune fille paraît ; elle lui donne un anneau qui rend invisible, elle le cache. C'est Lunete (« Petite Lune »), la suivante de Laudine, la dame du château, la femme du chevalier noir qui justement vient de mourir de sa blessure. Celui qui l'a tué est dans le château, c'est sûr : son cheval coupé en deux l'atteste. La veuve le fait chercher pour en tirer vengeance...

Tout cela, que je raconte en deux minutes si vite

et si mal, il faut le lire comme Chrétien le raconte, à sa manière à la fois sinueuse et fluide, avec l'enchaînement rapide de ses vers musicaux et denses, avec cette légèreté dans l'humour comme dans le mystère, qui est sa marque propre. Lisez le roman : vous ne le regretterez pas.

Yvain, de sa cachette, aperçoit Laudine qui pleure son mari et il en tombe éperdument amoureux. La malicieuse Lunete, à qui il se confie, persuade la veuve inconsolable qu'il existe, quoi qu'elle en dise, un meilleur chevalier que son défunt mari : celui qui l'a tué et qui se cache dans le château même. Bref, elle en fait tant que trois jours plus tard Yvain et Laudine sont mariés, juste à temps pour qu'Yvain, nouveau gardien de la fontaine, désarçonne le sénéchal Keu, qui avait versé de l'eau sur la margelle et déclenché l'orage, en présence du roi Arthur et de tous ses chevaliers.

L'histoire est donc finie ? Non : elle commence. Il ne suffit pas d'un mariage d'amour pour qu'un roman s'achève, et un succès n'en est pas un à n'importe quel prix. C'est la leçon de Chrétien de Troyes dans presque tous ses romans. Une leçon qu'il laisse entendre, sans appuyer, sans insister. Elle mérite pourtant qu'on s'y arrête, car elle vaut pour nous aussi.

Elle vaut pour nous aussi, et c'était au XIIe siècle.

21

L'amour conjugal est-il romanesque ?

Il ne suffit pas d'un mariage d'amour pour clore un roman, et un succès n'en est pas un à n'importe quel prix.

Yvain a épousé Laudine. Il est le nouveau maître du château et le gardien de la fontaine. Mais son ami Gauvain, le neveu du roi Arthur, le charmant Gauvain, le séducteur, le tentateur, lui dit qu'il est trop jeune pour s'enfermer dans ce château au fond des bois. Qu'il demande à sa femme un congé d'un an ! Cette année passe comme un jour dans les tournois et les fêtes. Yvain oublie le terme fixé. Laudine le chasse. Il en devient fou de douleur. Il lui faudra tout le roman, mille épreuves et mille souffrances, pour la reconquérir.

Le premier roman de Chrétien de Troyes, *Erec et Enide*, suivait un mouvement analogue à celui du *Chevalier au Lion*. Erec s'éprend d'Enide, la conquiert sans peine, la ramène à la cour où elle est fêtée par le roi Arthur et la reine Guenièvre. Ils se marient. Il est fils de roi. Ils sont jeunes, beaux, amoureux. C'est le début du roman.

Mais cette perpétuelle lune de miel le détourne de ses devoirs de chevalier. On en jase. Elle l'apprend. Elle le lui dit. Sans un mot, il s'arme et part pour une errance chevaleresque dans laquelle il lui ordonne, non de le suivre, mais de le précéder, comme un appât. Mille aventures, mille exploits, mille épreuves, au terme desquels ils se retrouvent enfin plus unis qu'au début.

Le succès, l'obtention de ce que l'on convoite ne sont rien si l'on n'en mesure pas le prix. Il est facile de tomber amoureux et de se marier. Il est difficile de prendre conscience de l'engagement que l'on prend et de ce qu'il implique. Cette leçon, Chrétien ne nous l'inflige pas en moraliste guindé. Elle se dégage sans avoir l'air d'y toucher de ses romans d'aventures et d'amour, *Erec et Enide*, *Le Chevalier au Lion*.

Il sait aussi montrer, avec discrétion et élégance, mais clairement, la place de la sensualité dans l'épanouissement de l'amour entre les époux. La nuit de noces d'Erec et Enide est heureuse à la fois parce qu'ils se désirent passionnément et parce qu'Erec est attentif et doux. La crise éclate entre eux un matin. Ils se sont aimés, il s'est rendormi, elle veille, tourmentée par les mauvais bruits qui courent sur lui. Elle verse sur lui une larme qui le réveille. Il l'interroge. C'est le début du malentendu et de l'errance qui le consacre et finit par le résoudre. À la fin, sauvés du dernier danger, ayant partagé épreuves et sacrifices, ils s'aiment à nouveau, cette fois parfaitement unis et attentifs l'un à l'autre :

> Or sont nu a nu en un lit,
> > À présent ils sont tous deux nus dans un même lit
> Et li uns l'autre acole et baise ;
> > et chacun enlace l'autre et lui donne des baisers ;
> N'est rien nule qui tant lor plaise.
> > il n'est rien au monde qui leur donne tant de plaisir.
> Tant ont eü mal et ennui,
> > Ils ont connu tant de souffrances et de tourments,
> Il por li, et ele por lui !
> > lui pour elle et elle pour lui !
> Or ont faite lor penitence.
> > À présent ils ont achevé leur pénitence.
> Li uns encontre l'autre tance
> > Il rivalient l'un avec l'autre
> Coment li puisse mieuz plaisir :
> > à qui donnera à l'autre le plus de plaisir :
> Dou soreplus me doi taisir[1].
> > ce qui vient ensuite, je dois le passer sous silence.

Il y a tant de romans d'amour ! Il y a tant de romans qui s'achèvent sur un mariage ! Il y a tant de romans de l'adultère ! Et il y a si peu de romans de l'amour conjugal ! *Erec et Enide* de Chrétien de Troyes en est un très rare exemple. C'était au XIIe siècle.

22

Le Graal

Tout le monde connaît le Graal. Tout le monde a vu les films d'Indiana Jones et des Monty Python. Tout le monde connaît si bien la quête du Graal que le directeur de la recherche et de l'innovation chez PSA Peugeot Citroën a pu un jour déclarer : « Celui qui mettra au point une batterie bon marché, dotée d'une réelle autonomie, aura déniché le Graal. »

Tout le monde connaît le Graal, mais qui a été le premier à en parler ? Chrétien de Troyes, encore lui, dans son dernier roman, resté inachevé, le *Conte du Graal*, composé au début des années 1180, non plus pour Marie de Champagne, mais pour Philippe d'Alsace, comte de Flandre. On ne sait pas où il a trouvé cette histoire (il mentionne sans autre précision un « livre » que lui aurait montré le comte de Flandre), mais à partir de lui elle a connu un succès prodigieux.

Cela ne nous dit pas ce qu'est le Graal. Qui, d'ailleurs, le sait ?

Le mot est peu fréquent, mais c'est un nom commun. Quand il le mentionne pour la première fois, Chrétien parle d'un graal, et non du Graal : un graal, c'était un plat creux, où l'on servait typiquement du poisson en sauce. Le mot a survécu dans certains dialectes pour désigner des récipients divers, allant de l'abreuvoir à l'auge à cochons.

Comment est-on passé d'un plat à poisson à l'espèce de calice que déterre Indiana Jones et que montrent déjà les miniatures à partir du XIIIe siècle ? Que nous dit Chrétien de Troyes ?

Un jeune naïf, Perceval, sorti des solitudes où il a été élevé par sa mère et devenu chevalier, est hébergé un soir dans un château mystérieux par un seigneur impotent. Pendant le dîner passe et repasse un étrange cortège : une épée, une lance qui saigne sans cesse et enfin :

> Un graal entre ses .II. meins
>   Une demoiselle tenait
> Une damoiselle tenoit.
>   un graal entre ses deux mains.
> ………………………………………………
> Quant ele fu leianz antré
>   Quand elle fut entrée dans la pièce
> Atot lo graal qu'ele tint,
>   avec le graal qu'elle tenait,
> Une si grant clartez i vint
>   il se fit une si grande clarté

Qu'ausin perdirent les chandoilles
    que les chandelles en perdirent
Lor clarté comme les estoilles
    la leur, comme les étoiles
Quant li solaus luist o la lune.
    quand le soleil luit ou la lune.
.. ..
Par devant le lit s'en passerent,
    Ils passèrent par-devant le lit,
En une chanbre aillors entrerent.
    ils entrèrent dans une autre pièce.
Et li vallez les vit passer,
    Le jeune homme les vit passer
Si n'osa mie demander
    et il n'osa pas demander
Do graal cui l'an an servoit[1].
    qui l'on servait de ce graal.

Perceval comprendra trop tard sa faute de n'avoir pas posé cette question. Il cherche en vain pendant des années à retrouver le château du Graal. Il finit par apprendre que le Graal contient une hostie, seule nourriture du vieux roi, père de l'infirme qui l'a reçu. Mais le roman, qui suit à partir de là les aventures parallèles de Gauvain, s'interrompt avant son retour attendu au château du Graal. Des continuateurs lui donneront d'interminables suites.

Quelques années plus tard, le roman allemand de Wolfram von Eschenbach, source de Wagner, fait curieusement du Graal une pierre.

Mais un graal n'est pas une pierre. C'est un récipient. Or, peu après 1200, dans le roman d'un certain Robert de Boron, dont le début se fonde sur l'évangile apocryphe de Nicodème, c'est un récipient bien particulier : le calice du dernier repas pris par Jésus avec ses disciples, coupe dans laquelle Joseph d'Arimathie aurait, après la Passion, recueilli le sang du Christ. Robert de Boron raccorde ensuite cette préhistoire du Graal aux aventures de Bretagne via le personnage de Merlin et la naissance du roi Arthur.

Dès lors, en particulier dans les grands romans en prose qui récrivent toute l'histoire au cours du XIIIe siècle, cette christianisation du Graal est acquise.

Faut-il parler de christianisation ? Le Graal était-il à l'origine un vase de fécondité de la mythologie celtique, comme la corne d'abondance dans la mythologie gréco-romaine ou le *sampo* dans la mythologie finnoise ? Peut-être bien. Mais le premier texte qui le mentionne en fait déjà un ciboire contenant une hostie. Indiana Jones a raison.

C'était au XIIe siècle.

23

Perceval et la charité

Le Graal est un objet mystérieux. Chrétien de Troyes est le premier à en parler. Quel sens veut-il donner au roman qu'il lui consacre, le *Conte du Graal* ?

Le prologue d'une œuvre médiévale suggère généralement l'esprit dans lequel elle doit être lue et comprise. Celui du *Conte du Graal* consiste en un éloge du comte Philippe de Flandre, le commanditaire du roman, mais pas n'importe quel éloge. Se référant à la parabole du semeur dans l'Évangile, Chrétien dit que le roman qu'il sème trouvera dans le cœur du comte Philippe un terrain favorable et portera du fruit, car aux qualités chevaleresques le comte joint la charité (c'est-à-dire l'amour désintéressé des autres). Et il conclut par cette citation du Nouveau Testament : celui qui a la charité vit en Dieu et Dieu en lui.

Or, le *Conte du Graal* est bel et bien un roman sur la charité. Au début, le jeune Perceval n'est pas seulement un naïf ignorant de tout, de la chevalerie et même de son propre nom. Il est surtout incapable de prêter attention à autrui. C'est pourquoi il se méprend sur tout.

En chassant dans la forêt, il rencontre des chevaliers qui lui font d'abord peur et qu'il prend pour des diables, puis qui l'émerveillent et qu'il prend pour des anges, voire pour Dieu lui-même – en une adoration idolâtre de l'éclat extérieur de ce monde :

> « Estes vos Dex ? – Nenil, par foi.
>   « Êtes-vous-Dieu ? – Certainement pas !
> – Qui estes vos ? – Chevaliers sui.
>   – Qui êtes vous ? – Un chevalier.
> – Ainz mes chevaliers ne conui,
>   – Je n'ai jamais connu de chevalier,
> Fait li vallez, ne nul n'en vi
>   dit le jeune homme, je n'en ai jamais vu
> N'onques mes parler n'en oï.
>   et je n'en ai jamais entendu parler.
> Mais vos estes plus beax que Dex.
>   Mais vous êtes plus beau que Dieu.
> Car fusse je orre autretex,
>   Ah ! si je pouvais être pareil,
> Ensin luisanz et ensin faiz[1] ! »
>   aussi resplendissant ! »

Le chevalier lui demande un renseignement. Il n'écoute pas, ne répond pas, ne pense qu'à satisfaire sa propre curiosité. Il veut savoir comment il peut avoir des armes pareilles pour être lui aussi chevalier. Et la conversation est menée de telle sorte qu'il n'aura de réponse à cette question que lorsque, distraitement, il aura fini par répondre partiellement à celle de son interlocuteur.

Le voilà en route pour aller trouver « le roi qui fait les chevaliers », le roi Arthur. Il ne se soucie ni de sa mère, qui à son départ s'est effondrée de douleur, ni du sort de la jeune fille qu'il embrasse de force et expose à la jalousie de son ami, ni du roi Arthur lui-même, humilié par le chevalier vermeil, ni de la préoccupation de la charmante Blanchefleur assiégée dans son château. Quoi d'étonnant si, devant le cortège du Graal, il ne pose pas la question salvatrice ?

Le roman donne deux raisons de son silence. La première est qu'il applique le conseil qu'on lui a donné de ne pas poser sans cesse des questions, sans faire la différence entre celles provoquées par une curiosité égoïste et celles nées de l'intérêt porté aux autres. La seconde est qu'il porte le péché de la mort de sa mère, que le chagrin de son départ a tuée : quand il l'a vue tomber devant le pont-levis, il ne s'est pas soucié d'elle. Comment serait-il capable de poser au Roi Pêcheur la question qui, dans le roman de Wolfram von Eschenbach, est : « Quel est ton tourment[2] ? »

De même qu'Erec et Yvain, après s'être mariés dans l'inconscience de la passion, doivent découvrir le sens de leur engagement, de même, et bien plus encore, Perceval, parvenu par hasard au château du Graal dans l'inconscience d'un égocentrisme adolescent, ne peut espérer y retourner qu'au terme d'un apprentissage douloureux de l'attention à l'autre.

Cela, ce n'est pas moi qui le dis, mais la philosophe Simone Weil : « L'attention est la forme la plus rare et la plus pure de la générosité... C'est en somme le sujet de l'histoire du Graal. Seul un être prédestiné a la capacité de demander à un autre : quel est ton tourment ? Et il ne l'a pas en entrant dans la vie. Il lui faut passer par des années de nuit obscure[3]. »

Simone Weil écrivait ces lignes au poète Joë Bousquet en 1942. Chrétien et Wolfram, c'était au XIIe siècle.

24

Tristan et Iseut ont-ils besoin d'un philtre pour s'aimer ?

La légende de Tristan et Iseut est très souvent et très tôt évoquée dans la poésie médiévale. Elle fascine, elle obsède même, mais aussi elle inquiète. Parce que l'amour adultère de Tristan et Iseut est aggravé du fait que Tristan prend la femme de son oncle et bienfaiteur, le roi Marc de Cornouailles, cette femme qu'il est allé conquérir pour lui et en son nom. Mais surtout parce que leur amour est provoqué artificiellement par un philtre, une drogue, ce « vin herbé » que la reine d'Irlande a préparé pour sa fille et son futur époux le roi Marc, mais que Tristan et Iseut boivent par inadvertance sur le bateau qui les conduit en Cornouailles : « C'est votre mort que vous avez bue », leur dit la suivante Brangain.

Il existe deux versions principales de la légende. L'une dite « commune », l'autre dite, bien à tort,

« courtoise ». Dans la version commune, l'effet du philtre est limité dans le temps (trois ou cinq ans). Dans la version courtoise, il dure toute la vie. La sensibilité moderne a préféré cette version : c'est elle qu'a choisie Joseph Bédier dans sa célèbre adaptation de la légende ; c'était celle de Wagner, qui suivait Gottfried de Strasbourg. Le philtre y apparaît comme un symbole de l'amour absolu, qui est un amour pour la vie. À quoi ça ressemble, un amour absolu qui dure trois ans ?

Mais en lisant le roman de Béroul, premier témoin de la version commune, on observe deux choses. D'une part, ce philtre à l'effet temporaire est vraiment une drogue : Tristan et Iseut sont drogués. Ils ne sont pas responsables. C'est ce qu'Iseut dit à l'ermite Ogrin, qui les exhorte à se séparer :

Il ne m'aime pas, ne je lui,	Il ne m'aime pas et je ne l'aime pas,
For par un herbé dont je bui	sinon à cause d'une décoction dont je bus
Et il en but : ce fu pechiez [1].	et il en but aussi : ce fut un malheur.

Iseut disant de Tristan : « Il ne m'aime pas ni moi non plus », ce n'est tout de même pas banal.

D'autre part, à l'instant où le philtre cesse d'agir, Tristan et Iseut devraient cesser de s'aimer. Or, ce n'est pas ce qui se passe. Tristan est en train de chasser le cerf dans la forêt du Morrois, où ils se sont réfugiés. Il s'arrête soudain, comme s'il sortait d'un songe. Sa première pensée est que lui qui devrait être chevalier à la cour de son oncle, il mène une vie de proscrit. Mais aussitôt après, il pense à Iseut :

Et poise moi de la roïne,
    Et je suis triste pour la reine,
Qui je doins loge por cortine.
    à qui j'offre une cabane de feuilles au lieu de tentures.
En bois est, et si peüst estre
    Elle est dans la forêt, alors qu'elle pourrait être,
En beles chanbres, o son estre,
    avec sa suite, dans de beaux appartements
Portendues de dras de soie.
    tapissés de soie.
Por moi a prise male voie[2].
    À cause de moi, elle a pris un mauvais chemin.

Sous l'effet du philtre, Tristan et Iseut ne pouvaient survivre l'un sans l'autre : en s'aimant, ils défendaient chacun sa propre vie. Mais l'effet du philtre disparu, chacun pense désormais d'abord à la vie de l'autre. C'est maintenant qu'ils s'aiment vraiment. Maintenant, ils vont avoir la force de retourner voir l'ermite Ogrin et de se séparer.

Dans plusieurs chansons d'amour de cette époque le poète souligne que son amour est supérieur à celui de Tristan, qui aimait Iseut sous la contrainte du philtre, alors que lui, le poète, aime librement celle qu'il a choisie. Ainsi, Chrétien de Troyes dans une des deux chansons qu'il nous a laissées :

Onques du buvrage ne bui	Jamais je n'ai bu du breuvage
Dont Tristan fu empoisonnez ;	dont Tristan fut empoisonné ;
Mes plus me fet amer que lui	mais mon cœur fidèle et ma volonté sincère
Fins cuers et bone volentez[3].	font que j'aime plus qu'il ne le faisait.

Ces poètes avaient compris l'un des grands enjeux de la légende. Contrairement à ce qu'écrivait Denis de Rougemont dans son livre fameux *L'Amour et l'Occident*, l'amour de Tristan et Iseut était pour eux plus une mise en garde qu'un modèle.

C'était au XIIe siècle.

25
Pourquoi épouser Iseut aux Blanches Mains ?

Vous vous souvenez peut-être que le troubadour Bernard de Ventadour dit être « envieux de quiconque il voit jouissant ». Cette envie, Thomas d'Angleterre l'attribue à Tristan dans un passage saisissant, qui a soigneusement été conservé, alors qu'il ne nous reste de son roman que des débris.

Tristan a rendu Iseut au roi Marc et est banni de sa cour. Il entre au service du seigneur de Carhaix, en Petite Bretagne, et se lie d'amitié avec son fils, Kaherdin. Kaherdin a une sœur, Iseut aux Blanches Mains. Tristan songe à l'épouser parce qu'elle porte le même nom qu'Iseut la Blonde. Il pèse le pour et le contre dans un long débat intérieur, et voici l'argument qui le décide en faveur de ce mariage absurde (il s'adresse en pensée à Iseut la Blonde) :

Jo perc pur vos joie e deduit,
> Je perds pour vous la joie et le plaisir

E vos l'avez e jur e nuit ;
> que vous, vous éprouvez jour et nuit ;

Jo main ma vie en grant dolur,
> je passe ma vie en grande douleur,

E vos vostre en delit d'amur ;
> et vous passez la vôtre dans les plaisirs de l'amour ;

Jo ne faz fors vos desirer,
> je ne fais rien d'autre que vous désirer,

E vos nel puez consirer
> et vous, vous ne pouvez vous empêcher

Que deduit e joie n'aiez,
> d'avoir du plaisir et de la joie,

E que tuiz voz buenz ne facez.
> et de satisfaire votre désir.

Pur vostre cors su jo em paine,
> Pour vous, je suis en peine,

Li reis sa joie en vos maine,
> le roi trouve sa joie en vous,

Sun deduit maine e sun buen,
> il trouve en vous son plaisir et sa jouissance,

Ço que mien fu ore est suen[1].
> ce qui était à moi est aujourd'hui à lui.

Et il conclut, après deux cents vers d'hésitations :

Jo voil espuser la meschine
> Je veux épouser la jeune fille

Pur saveir l'estre a la reïne[2].
> pour savoir ce qu'éprouve la reine.

Iseut la Blonde n'aime que lui, Tristan ? Qu'importe, puisqu'elle ne peut échapper au plaisir que lui donne le roi Marc. Voilà la pensée insupportable. Ce qui détermine la décision de Tristan, c'est le besoin de rétablir entre Iseut la Blonde et lui une sorte d'égalité sexuelle, si l'on ose dire : se placer dans la même situation qu'elle pour savoir ce qu'elle éprouve.

Il ne le saura pas. Il ne pourra prendre sur lui de consommer le mariage avec Iseut aux Blanches Mains. Un jour, au cours d'une chevauchée, l'eau d'une flaque que traverse son cheval la mouille jusqu'en haut des cuisses. En riant, elle lui dit : « Cette eau est plus hardie que vous. » Kaherdin s'enquiert. Tristan avoue. Plus tard, atteint d'une blessure mortelle, il demandera à Kaherdin d'aller chercher Iseut la Blonde. Si Kaherdin la ramène, il hissera une voile blanche, sinon une voile noire, comme dans la légende grecque de Thésée. Iseut aux Blanches Mains a entendu. Jalouse, elle dit à Tristan que la voile est noire, alors qu'elle est blanche. Tristan se laisse mourir et Iseut la Blonde meurt à ses côtés.

À quoi bon résumer en quelques secondes cette fin si connue ? À sa suite, Thomas conclut son roman par une sorte de dédicace aux amoureux. En voici le début, avec une traduction qui en est plutôt un commentaire fondé sur une interprétation proposée il y a près d'un demi-siècle, qui éclaire le sens des mots employés pour définir les diverses catégories d'amoureux :

Tumas fine ci sun escrit ;
> Thomas termine ici son écrit ;

A tuz amanz saluz i dit :
> il y salue tous les amants :

As pensis e a amerus,
> ceux qui sont malheureux, ceux qui rêvent de l'amour,

As envius, as desirus,
> ceux qui sont rongés d'envie, ceux qui sont rongés de désir,

As enveisiez, as purvers,
> ceux qui connaissent le plaisir, ceux qui se livrent aux excès de la chair,

A tuz ces ki orunt ces vers[3].
> tous ceux qui liront ces vers.

Le poète s'adresse à toutes les catégories d'amoureux parce que son poème envisage toutes les formes de l'amour, du plus éthéré au plus sensuel. L'histoire de Tristan et Iseut est une histoire brutale et sanglante, dont la violence s'immisce au plus profond de l'amour.

26

« Belle amie, ainsi est de nous :
Ni vous sans moi, ni moi sans vous »

Aucune légende médiévale n'a été, à l'époque même, aussi célèbre que celle de Tristan et Iseut. Pourtant, les plus anciens textes qui s'y rapportent ne nous en livrent que des bribes, soit qu'elle ait choqué, comme on l'a soutenu, soit que sa célébrité même ait dispensé de la raconter ou de la conserver chaque fois tout entière. Il faut attendre 1226 et la *Saga de Tristan*, traduction norroise du roman français de Thomas, pour en avoir une version complète. Les romans du XIIe siècle nous sont parvenus incomplets ou mutilés. D'autres poèmes, plus courts, ne relatent qu'un seul épisode, souvent une ruse de Tristan lui permettant de voir brièvement Iseut.

Parmi eux, le *Lai du chèvrefeuille* de Marie de France. Cette poétesse, qui se dit originaire du royaume de France mais qui vit en Angleterre, écrit en dialecte anglo-normand et paraît savoir l'anglais et le breton, a composé, probablement dans les années 1170, des contes en vers, souvent féeriques, qu'elle dit être l'adaptation de *lais* bretons, c'est-à-dire de chansons ou de pièces musicales liées à des légendes celtiques.

Dans le *Lai du chèvrefeuille*, Tristan, proscrit, apprend qu'Iseut doit passer certain jour dans une certaine forêt. Il dépose sur le chemin un signe qui lui révélera sa présence :

Une codre trencha par mi,
>Il coupe par le milieu une branche de noisetier

Tute quarreie la fendi.
>et la taille pour l'équarrir.

Quant il a paré le bastun,
>Quand il a paré le bâton,

De sun cutel escrit sun nun.
>Avec son couteau il y écrit son nom.

Se la reïne s'aparceit,
>Si la reine s'en aperçoit

Ki mut grant garde s'en perneit [...],
>(elle prenait grande garde à ce genre de chose),

De sun ami bien conustra
>elle reconnaîtra bien que c'est de son ami

Le bastun, quant el le verra.
>que vient le bâton, quand elle le verra.

Ceo fu la summe de l'escrit
>Ce que disait le message

Qu'il li aveit mandé e dit,
>qu'il lui avait écrit,

Que lunges ot ilec esté
>c'était qu'il était longtemps resté là,

E attendu e surjurné
>dans l'attente,

Pur espïer e pur savir
        à épier et à essayer de savoir
Coment il la peüst veeir,
        comment il pourrait la voir,
Kar ne poeit vivre sanz li.
        car il ne pouvait pas vivre sans elle.
D'euls deus fu il tut autresi
        Ils étaient tous deux
Cume del chievrefoil esteit
        comme le chèvrefeuille
Ki a la codre se perneit :
        qui s'accroche au noisetier :
Quant il s'i est laciez e pris
        une fois qu'il s'y est attaché
E tut entur le fust s'est mis,
        et qu'il s'est enroulé autour de la branche,
Ensemble poënt bien durer,
        ils peuvent très bien continuer à vivre ensemble,
Mes ki puis les voelt desevrer,
        mais si on veut ensuite les séparer,
Li codres muert hastivement
        le noisetier meurt très vite
E li chievrefoilz ensement :
        et le chèvrefeuille aussi :
« Bele amie, si est de nus :
        « Belle amie, ainsi en va-t-il de nous :
Ne vus sanz mei, ne jeo sanz vus[1]. »
        Ni vous sans moi, ni moi sans vous. »

On n'imagine pas le nombre de savants qui se sont creusé la tête pour comprendre ce que Tristan a écrit sur la branche de noisetier : son nom seul ? Les deux vers « Belle amie, ainsi est de nous : / Ni vous sans moi, ni moi sans vous » ? Et toutes les considérations sur le noisetier et le chèvrefeuille ? Était-ce l'objet d'une lettre envoyée auparavant ?

Les articles sur le sujet sont si nombreux que certains s'intitulent simplement « Encore le chèvrefeuille » : le tout petit monde des médiévistes comprend immédiatement de quoi il s'agit.

À lire le texte en philologue, la question est en effet indécidable. Alors, pourquoi vouloir la trancher ? Quelle importance ? Le poème en est-il moins touchant ? L'image du noisetier et du chèvrefeuille n'est-elle pas limpide ? J'ai toujours pris plaisir à trouver de ces bâtons de noisetier où le bois, serré par le chèvrefeuille ou le liseron, s'est boursouflé en spirale. Ils me servent de canne. En marchant dans la forêt, je pense à Marie de France et à Tristan. C'était au XIIe siècle.

27

Le Chevalier de la Charrette

Tout le monde sait que Lancelot du Lac aime la reine Guenièvre. Le personnage surgit de nulle part dans le troisième roman de Chrétien de Troyes, *Le Chevalier de la Charrette*, dont le titre renvoie à l'épisode initial. Gauvain et Lancelot sont lancés à la poursuite du géant Méléagant, qui a enlevé Guenièvre. Un nain leur dit qu'il les conduira jusqu'à elle s'ils acceptent de monter dans la charrette qu'il conduit. Or, nous dit Chrétien, monter dans une charrette, c'était à cette époque être marqué d'infamie :

De ce servoit charrete lores
        À cette époque les charrettes avaient le même usage
Don li pilori servent ores,
        que les piloris aujourd'hui,
Et en chascune bone vile,
        et dans chaque bonne ville,
Ou or en a plus de trois mile,
        où il y en a maintenant plus de trois mille,

N'en avoit a cel tans que une,
    il n'y en avait en ce temps-là qu'une seule,
Et cele estoit a ces commune,
    qui servait indistinctement,
Aussi con li pilori sont,
    comme les piloris le font,
A ces qui murtre et larron sont.
    aux assassins et aux voleurs.
.. ..
Qui a forfet estoit repris
    Celui qui était convaincu d'un crime
S'estoit sor la charrete mis
    était mis dans la charrette
Et menez par totes les rues ;
    et promené par toutes les rues :
S'avoit totes enors perdue [1].
    il était entièrement déshonoré.

Après un débat intérieur entre Raison (déshonoré, tu ne seras plus digne de la reine) et Amour (l'amour sacrifie tout, lui compris, à ce qu'il aime), qui dure le temps de faire trois pas à côté de la charrette, Lancelot y monte. Il paiera le prix de l'humiliation et de la honte, mais il délivrera la reine. Gauvain refuse de monter dans la charrette, pensant que s'il la suit, le résultat sera le même. Il se trompe et il échouera lamentablement.

Lorsque Lancelot retrouve Guenièvre après avoir pour elle affronté le danger et résisté aux tentations, après avoir franchi le pont de l'Épée, mains et pieds nus sur la lame tranchante jetée au-dessus du torrent infernal, après avoir combattu Méléagant, elle lui tourne le dos. Lui fait-elle grief d'être monté dans la charrette ? Non, mais d'avoir hésité un instant avant de le faire. Ils se réconcilieront, et même très bien. Plus tard, voulant s'assurer qu'un chevalier inconnu qui s'illustre au tournoi est bien Lancelot, la reine enverra sa suivante lui ordonner de sa part de faire « du pire qu'il peut » : elle aura le plaisir de le voir aussitôt se ridiculiser docilement jusqu'à ce qu'elle lui ordonne de faire « du mieux qu'il peut ».

Chrétien souligne que le sujet du roman lui a été imposé par la comtesse Marie de Champagne. Il ne l'achèvera pas et laissera à un autre le soin de le faire. Il est possible que l'éloge d'une passion adultère et des tyrannies de la coquetterie lui ait au fond déplu. En tout cas, ce qu'il s'arrange pour mettre constamment en valeur, c'est l'abnégation de l'amour.

C'est bien ainsi que l'entendra Aragon, grand connaisseur de la poésie du Moyen Âge :

> Je suis ce chevalier qu'on dit de la charrette
> Qui si l'amour le mène ignore ce qu'il craint
> Et devant tous s'assit parmi les malandrins
> Comme choisit mourir Jésus de Nazareth
>
> Ma dame veut savoir que rien ne m'humilie
> Par elle demandé tout s'en métamorphose
> Elle exige de moi de si terribles choses
> Qu'il faut que mon cœur saigne et que mon genou plie [2]

Comparer Lancelot au Christ, n'est-ce pas tout de même un peu fort ? Quelques années après Chrétien, il est vrai, un prédicateur compare une sainte qui affronte le martyre à Lancelot franchissant le pont de l'Épée. Et il est vrai aussi qu'accepter l'humiliation est une vertu éminemment chrétienne, une vertu paradoxale dans un monde avide de gloire comme le monde chevaleresque ou de considération comme le nôtre.

Le poème d'Aragon, dans *La Diane française*, c'était pendant les années sombres de l'occupation : le service de la France y apparaît comme celui de la femme aimée, pour qui on accepte tous les outrages. Le roman de Chrétien de Troyes, c'était au XIIe siècle.

28

Lancelot et Galehaut

L'AMOUR absolu de Lancelot pour Guenièvre fait de lui le meilleur chevalier du monde. Au XIIIe siècle, lorsque de grands cycles romanesques en prose rassemblent la matière arthurienne, il en devient la figure centrale, au point que nous désignons le plus important d'entre eux sous le nom de *Lancelot-Graal*[1]. Mais ce même amour adultère le disqualifie de la quête du saint Graal au profit de son fils Galaad. Et à la fin du cycle, l'écroulement du monde arthurien dans *La Mort du roi Arthur* est provoqué par la révélation publique de cet amour. Dans un autre roman, sombre et étrange, *Le Haut Livre du Graal* ou *Perlesvaus*[2], Gauvain, léger et coureur, et Lancelot, qui ne peut renoncer à son amour pour la reine même au prix de son salut, échouent l'un et l'autre dans la quête du Graal et s'inclinent devant Perceval. C'est ainsi que la chevalerie spirituelle l'emporte sur la chevalerie mondaine. Mais la grandeur de

Lancelot et la noblesse de son amour n'en sont pas amoindries.

Alors que Lancelot est au faîte de sa gloire, Galehaut, fils de la Belle Géante et roi des Îles Lointaines, entreprend d'ajouter à ses nombreuses conquêtes le royaume d'Arthur. Il est vainqueur. Mais par amour pour Lancelot, dont il découvre la vaillance, il renonce au dernier moment à sa victoire et se proclame au contraire le vassal du roi Arthur. Voilà Lancelot et lui amis pour la vie.

C'est grâce à Galehaut, qui se fait entremetteur, que Lancelot et Guenièvre finissent par s'avouer leur amour, épisode que Dante rendra célèbre en faisant dire à Paolo et Francesca, qui ont succombé à l'amour en lisant précisément ce passage : *Galeotto fo il libro e chi lo scrisse*[3], « Galehaut : voilà ce que furent pour nous le livre et son auteur. Nous ne lûmes pas plus loin ce jour-là[4] ». Galehaut lui-même prend pour amie la dame de Malehaut, qui avait été éprise de Lancelot, pour qu'il y ait entre eux une sorte d'égalité dans l'amour. Plus tard, croyant que Lancelot est mort, il meurt d'amour, comme des devins le lui avaient prédit. On cache longtemps sa mort à Lancelot, car on craint l'excès de sa douleur. Il l'apprendra de la bouche de la reine, au moment où ils se trouvent pour la première fois unis dans le même lit à la fin de l'épisode de la charrette, qui est repris et inséré dans le roman en prose. Comment cette nouvelle le toucherait-elle en un pareil moment ?

> Et la li dist elle la mort de Gallehout, car encore n'en savoit il rien. Si en eust fait assés grant deul, mais li lieus n'i estoit pas[5].
>
> C'est là qu'elle lui apprit la mort de Galehaut, car il n'en savait encore rien ; ce dont il aurait dû ressentir une peine immense, mais les circonstances ne s'y prêtaient pas.

Beaucoup plus tard, il trouve la tombe de Galehaut et son épitaphe :

> « Ichi gist Gallehous, li fieus a la Jaiande, ki pour l'amour Lanselot morut. » Et quant il voit chou, si chiet pasmés et jut grant piece a tierre sans mot dire[6].
>
> « Ci-gît Galehaut, le fils de la Géante, qui mourut de son amour pour Lancelot. » Et quand il voit cela, il tombe évanoui et reste un long moment à terre sans rien dire.

Puis sa douleur éclate, le menant jusqu'à la folie.

Le Moyen Âge condamne les pratiques homosexuelles avec violence : le bûcher pour les sodomites ! Mais il ne blâme pas, il admire au contraire l'attachement passionné entre deux amis, dont la littérature du temps offre d'autres exemples : inutile de remonter à Achille et Patrocle, dans le cadre d'une civilisation différente. Certes, cet attachement n'entre pas en concurrence avec la passion amoureuse et lui cède le pas : Galehaut favorise les amours de Lancelot et s'en trouve de symétriques ; Lancelot, au reste moins attaché à Galehaut que Galehaut ne l'est à lui, est trop comblé dans les bras de Guenièvre pour que la nouvelle de la mort de son ami pénètre jusqu'à sa conscience. Mais cet attachement, assez passionné pour provoquer la mort d'un des deux amis et la folie temporaire de l'autre n'est pas jugé indigne d'une âme généreuse.

C'était au XIIIe siècle.

29

Le Graal n'est pas une fin

L E *Conte du Graal* de Chrétien de Troyes est inachevé. Peut-être le poète est-il mort. Peut-être s'est-il lassé : nous avons vu qu'il avait déjà laissé à un autre le soin de terminer le *Chevalier de la Charrette*. Peut-être. Mais ce dernier roman inachevé est déjà deux fois plus long que les quatre premiers. Et les continuateurs se succèdent sans parvenir à mener l'histoire à son terme. Si l'un y parvient enfin, voilà qu'il laisse en suspens les tout derniers vers. Une malédiction pèserait-elle sur l'histoire du Graal ?

Certains ont remarqué qu'il était difficile à Chrétien d'achever son roman dès lors que l'oncle ermite avait livré à Perceval le fin mot de l'histoire : la fin du roman est condamnée à répéter ce que le lecteur sait déjà. C'est bien, en un sens, ce qui se passe dans les versions qui le complètent. C'est même pire : Perceval succède à son oncle et règne sur le château du Graal. Très bien. Et après ?

N'est-ce pas une façon bien plate de conclure l'indicible mystère du Graal ? Justement : comment dire un mystère indicible ?

Les grands romans en prose qui au XIIIe siècle refondent toute l'histoire, en multiplient les ramifications, tissent si habilement entre eux le destin de Lancelot et celui du Graal, récupèrent les romans de Robert de Boron pour rattacher le Graal du temps du roi Arthur à la légende de Joseph d'Arimathie – ces romans se heurtent, à y regarder de près, à la même difficulté. À la fin de la *Quête du saint Graal*[1], qui prolonge le *Lancelot en prose*, mais, tout imprégnée d'esprit monastique, est d'un auteur et d'un esprit différents, les trois vainqueurs de la quête, Galaad, fils de Lancelot et de la fille du Roi Pêcheur, Perceval et Bohort, le cousin de Lancelot, ne restent pas au château du Graal : qu'y feraient-ils ? Ils s'embarquent sur la nef de Salomon pour la cité de Sarras en Terre sainte dont Galaad devient roi. Il meurt après avoir contemplé les mystères ineffables de Dieu au fond du Graal, qui est en suite emporté au ciel. Perceval se fait ermite, Bohort retourne à la cour du roi Arthur. C'est là que le cycle romanesque s'achève vraiment avec la catastrophe finale et la *Mort du roi Arthur,* due à un autre auteur encore. Comme si d'ultimes rebondissements se succédaient pour prolonger une histoire qui ne parvient pas à finir.

Seul le *Haut Livre du Graal* ou *Perlesvaus*, ce roman sauvage et à demi fou, trouve une solution :

après la mort de Perceval, le château du Graal tombe en ruine et nul n'y pénètre plus. Deux jeunes gens s'y aventurent un jour :

> Il entrerent par envoiseüre, mes il i demorerent puis grant piece, e qant il revindrent fors, si menerent vie d'ermites, et vestirent heres, e alerent par les forez, si ne menjoient se racines non, e menoient molt dure vie, mes ele leur plesoit molt ; e qant on leur demandoit por coi il se deduisoient ainsi, « Alez, fesoient il a cex qui leur demandoient, la o nos fumes, si savrez le porcoi. » Ainsi respondoient as genz. Cil dui chevalier morurent en cele sainte vie, ne onques autres noveles n'en pot on savoir par ex[2].

> Ils y pénétrèrent par plaisanterie, mais ils y restèrent ensuite longtemps, et quand ils en ressortirent, ils menèrent une vie d'ermites, portant la haire et allant par les forêts en ne se nourrissant que de racines. Ils menaient une vie très dure, mais elle leur plaisait beaucoup. Et quand on leur demandait pourquoi ils y prenaient plaisir : « Allez où nous avons été, et vous saurez pourquoi ! » C'est ce qu'ils répondaient aux gens. Ces deux chevaliers moururent en menant cette sainte vie, et on ne put jamais rien apprendre d'autre de leur bouche.

Cette fin sonne juste parce qu'elle laisse planer le mystère. La fascination du Graal ne survit pas à l'explication. Le mystère du Graal n'est pas une énigme dont il faudrait découvrir le fin mot : la preuve, c'est que la réponse est toute prête et que la difficulté n'est pas de la trouver, mais de poser la question. Chrétien n'avait pas besoin de dénouement. Pour lui, nous l'avons vu, le mystère du Graal est celui de la charité, de l'attention à l'autre, aurait dit Simone Weil, ce mystère proche, simple, transparent, évident et inaccessible.

C'était au XIIe, c'était au XIIIe siècle, c'est aujourd'hui.

30

Le poète lépreux

Le nom de Jean Bodel ne vous dit probablement rien. Dans les dernières années du XIIe siècle, c'était un grand poète d'Arras, ville alors très peuplée, dont une originale « confrérie des jongleurs et bourgeois » et l'organisation de concours poétiques faisaient le plus grand centre littéraire de langue d'oïl. Jean Bodel était l'auteur de chansons, de fabliaux, d'une chanson de geste, de la plus ancienne pièce de théâtre intégralement en français. Il était sergent de l'échevinage, une sorte de fonctionnaire municipal, et probablement une sorte de notabilité littéraire.

En 1202, il prend la croix pour ce qui sera la quatrième croisade. Mais il ne partira pas, car il s'aperçoit au même moment qu'il est lépreux. Tout ce qu'il lui reste à faire, c'est de quitter la ville et d'aller s'enfermer dans une léproserie pour y attendre la mort. Perspective terrible en elle-même, mais ce n'était pas tout. La lèpre était une maladie honteuse, non seulement parce qu'elle frappait d'exclusion celui qui en était atteint, parce qu'elle le défigurait et le condamnait à pourrir tout vivant, mais aussi parce que s'y attachait le soupçon d'une punition du Ciel pour une faute commise soit par le lépreux, soit par ses parents, faute que l'on soupçonnait d'être de nature sexuelle : on disait que les enfants conçus pendant les règles couraient le risque d'être un jour lépreux ; on disait que les lépreux avaient un appétit sexuel insatiable.

À tout cela s'ajoutait, dans le cas de Jean Bodel, le fait que la maladie l'empêchait de partir pour la croisade et donc de gagner l'indulgence plénière accordée aux croisés (l'indulgence est la dispense de la pénitence qui rend effective l'absolution des péchés). Il pouvait donc se croire doublement abandonné de Dieu.

Au moment d'aller s'enfermer dans la léproserie de Beaurain, à une dizaine de kilomètres d'Arras, où il mourra huit ans plus tard, Jean Bodel écrit un poème de plus de cinq cents vers, qu'il appelle ses *Congés*. Il y prend en effet congé de tous ses amis d'Arras, auxquels il s'adresse l'un après l'autre, qu'il nomme, qui sont des personnages réels, souvent connus par d'autres documents. Il prend congé d'eux avec le chagrin, l'amertume et l'embarras infinis où le plonge son état, mais aussi en faisant de son poème la preuve qu'il reste lui-même et que le mal physique laisse intacte sa personnalité intellectuelle et spirituelle, en méditant surtout sur le coup qui le frappe, en y cherchant une occasion de salut, en se disant que cette épreuve n'est pas le signe que Dieu l'a abandonné, mais tout au contraire une grâce, s'il sait s'en montrer digne.

Et il signale la tonalité de son poème en le composant en strophes de douze vers d'un type particulier, inauguré quelques années plus tôt dans les *Vers de la mort* d'Hélinand de Froidmont[1], et qui était jugé adapté à l'effusion et à la méditation.

Les *Congés* de Jean Bodel, poème admirable et méconnu, méritent que je m'y attarde dans une seconde chronique. Ici, je me contente d'en citer la première strophe qui en résume l'esprit :

> Pitiez ou ma matere puise,
> > Pitié, où je puise ma matière,
> M'ensaigne k'en ce me deduise
> > enseigne-moi à me distraire
> Que je sor ma matere die.
> > en parlant de mon état.
> N'est droit que mon sens amenuise
> > Il n'est pas juste que mes facultés régressent,
> Pour nul mal qui le cors destruise,
> > quel que soit le mal qui détruit mon corps
> Dont Diex a fait sa conmandie.
> > par la volonté de Dieu.
> Puis qu'il m'a joué de bondie,
> > Puisqu'il a sonné pour moi la retraite,
> Sans barat et sans truandie
> > sans ruser et sans finasser,
> Est droit que je a chascun ruise
> > je dois à chacun demander,

Tel don que nus ne m'escondie,
        un don qu'il ne me refusera certes pas,
Congié, ains c'on me contredie,
        son congé, avant qu'on me le signifie,
Car des or criem que ne lor nuise[2].
        car désormais j'ai peur de leur peser.

C'était au XIIIe siècle.

31

« Pour moi le jour se lève alors que la nuit tombe[1] »

Car des or criem que ne lor nuise, « car désormais j'ai peur de leur peser » : c'est, vous vous en souvenez, le vers qui clôt la première strophe des *Congés* de Jean Bodel, le poète lépreux. Voilà sa grande angoisse : leur peser, qu'ils le mettent à la porte, qu'ils lui fassent sentir sa honte. Car c'est la honte qu'il craint le plus. C'est la honte qui fait de son mal un enfer :

> Thiebaut de la Pierre en ces vers
> >Dans ces vers, de Thibaud de la Pierre
> Pren congié, honteus et couvers
> >je prends congé, honteux et furtif,
> Com cil qui fortune desmonte :
> >en homme terrassé par le sort :
> Tant m'est mais li siecles divers
> >désormais le monde m'est si hostile
> Que n'os aler fors les travers.
> >que je n'ose aller que par les chemins de traverse.

Nule povretez ne m'effronte,
    Ce n'est pas la pauvreté qui m'abat,
Tout mon mal oublie et mesconte,
    j'oublie tout mon mal et le compte pour rien,
Mais li povretez est el honte
    mais la pauvreté est dans la honte
Qui seüs est et descouvers.
    qui est connue et publique.
Et Diex, qui toute riens sormonte,
    Et que Dieu, qui a tout en main,
En penitance le me conte,
    me le compte comme pénitence,
Car trop avroie en deus enfers[2].
    car deux enfers, ce serait trop pour moi.

Voilà pourquoi il compose ses *Congés* : c'est lui qui prendra congé ; puisqu'il ne peut plus cacher son mal, il partira de son plein gré avant qu'on le chasse :

Et de tout son povoir m'acuse
    De tout son pouvoir elle me montre du doigt,
L'enfertés que j'ai tant repuse.
    la maladie que j'ai si longtemps cachée.
Avoec ce m'amenrist et use
    Avec cela, me ronge et me consume
Honte, que je tant criem et doute,
    la honte, que je redoute tellement,
Qui m'a reconmandé la muse
    elle qui m'a poussé à cette dissimulation
Dont je meïsmes me refuse :
    que je rejette de moi-même :
Miex m'en vient aller c'on m'en boute[3].
    j'aime mieux m'en aller qu'être jeté dehors.

C'est lui aussi qui s'exhibera dans son horreur avant qu'on le montre du doigt ; c'est lui qui rira de lui-même avant qu'on se moque de lui. Cette attitude sera plus encore celle de son successeur, car il en aura un à Arras même, Baude Fastoul, qui, soixante-dix ans après lui, écrira à son tour des *Congés* du poète lépreux. Plus que Jean Bodel, Baude Fastoul décrit son corps rendu répugnant par le mal et en plaisante : je peux maintenant chanter en soprano (la lèpre attaque les cordes vocales), je peux avoir des souliers de la pointure en dessous (ses orteils tombent), etc.

Le ton de Jean Bodel est différent. Il s'exhibe, mais pour rentrer en lui-même. Il y a un au-delà de la honte. Tout son effort est pour se convaincre et pour convaincre les autres qu'il ne se confond pas avec son mal :

> Mes cuers et li maus qui me maine
> >Mon cœur et le mal qui me domine
> Ne sont pas fait d'une despoise [4].
> >ne sont pas faits du même alliage.

Et s'il ne se confond pas avec son mal, c'est qu'au-delà de ce mal qui conduit à la mort, qui est déjà comme la mort, puisque la chair est rongée par la pourriture, Dieu l'appelle à la vie :

> Loer me doi, qui que s'en plaigne,
> > Se plaigne de lui qui veut, moi je dois me louer

De Dieu qui m'a donné ensaigne
        de Dieu qui m'a marqué du signe
D'une mort dont on puet revivre[5].
        d'une mort dont on peut revivre.

Et plus loin :

Or primes vueil mon sens desclorre,
        Dès maintenant je veux que mon esprit éclose,
Le cuer ouvrir et les iex clore,
        ouvrir mon cœur et fermer les yeux :
Car il m'ajourne et si m'anuite[6].
        pour moi le jour se lève alors que la nuit tombe.

32

« Que sont mes amis devenus ? »

Loin de la pose exaltée de la chanson d'amour ou de l'évasion héroïque dans l'aventure chevaleresque, se développe au XIIIe siècle une poésie, récitée et non chantée, de la confidence ou de l'exhibition de soi-même, une sorte de *one man show*, dans laquelle le poète étale ses douleurs, ses malheurs, ses misères. Les *Congés* du poète lépreux sont un cas extrême de cette mise en scène par le poète du drame de sa propre vie, mais il en existe bien d'autres où le seul drame est celui du quotidien.

Rutebeuf, par exemple. Nous ne savons rien de lui en dehors de ce que nous disent ses poèmes, nous ne lui connaissons pas d'autre nom que ce sobriquet un peu ridicule qu'il commente constamment (« Je me nomme Rutebeuf, qui est dit de "rude" et de "bœuf" »). Lors de la crise qui a secoué l'université de Paris dans les années 1250, il a écrit des pamphlets pour défendre les professeurs qui étaient des clercs séculiers et attaquer ceux qui appartenaient aux nouveaux ordres mendiants, dominicains et franciscains, protégés par le roi saint Louis, auquel il s'en prend violemment. Mais il a écrit aussi des poèmes de propagande pour la politique du roi en Terre sainte. Il est clair que dans les deux cas, ses poèmes lui étaient payés et qu'il en vivait. Il en vivait mal, à en croire d'autres poèmes encore, dans lesquels il se lamente sur sa misère. Ce sont eux qui ont fait sa gloire.

Il y égrène la litanie de ses malheurs : il a épousé une femme vieille, laide et pauvre ; il a été malade trois mois, sans pouvoir travailler, il a perdu un œil (le droit, celui dont il voyait le mieux), son cheval s'est cassé la jambe, sa femme a accouché, il n'a pas de quoi payer la nourrice et l'enfant va revenir brailler à la maison, il n'a pas de quoi payer son loyer ni le bois pour se chauffer, il a des dettes, il joue aux dés, il a dû laisser son manteau en gage, il a « froid au cul quand bise vente ». Il n'a même pas un vrai lit, même pas de pain :

> Mes costeiz connoit le pailliz,
>   Mes côtes se frottent au paillis,
> Et lit de paille n'est pas liz,
>   et lit de paille n'est pas lit,
> Et en mon lit n'a fors la paille.
>   et mon lit n'est fait que de paille.
>
> Sire, je vos fais a savoir,
>   Sire, je vous le fais savoir,
> Je n'ai de quoi do pain avoir.
>   je n'ai même pas de quoi acheter du pain.

A Paris sui entre touz biens,
> À Paris, je suis entouré de toutes les richesses,

Et n'i a nul qui i soit miens¹.
> et il n'y a rien qui soit à moi.

Peut-il au moins compter sur ses amis ?

Que sont mi ami devenu
> Que sont mes amis devenus,

Que j'avoie si pres tenu
> qui m'étaient si proches,

Et tant amei ?
> que j'aimais tant ?

Je cuit qu'il sunt trop cleir semei ;
> Je crois qu'ils étaient trop clairsemés ;

Il ne furent pas bien femei,
> ils n'ont pas eu assez d'engrais :

Si unt failli.
> les voilà disparus.

Iteil ami m'ont mal bailli,
> Ces amis-là ne m'ont pas bien traité :

C'onques, tant com Diex m'assailli
> jamais, aussi longtemps que Dieu multipliait

En maint costei,
> mes épreuves,

N'en vi .I. soul en mon ostei.
> il n'en est venu un seul chez moi.

Je cui li vens les m'at ostei,
> Je crois que le vent me les a enlevés,

L'amours est morte :
> l'amour est morte :

Se sont ami que vens enporte,
> ce sont amis que vent emporte,

Et il ventoit devant ma porte,
> et il ventait devant ma porte :

Ses enporta².
> il les a emportés.

Vous connaissez ces vers ? Vous avez envie de les chanter ? Ce n'est pas étonnant : ils ont été mis en musique par Léo Ferré, dont toute une chanson est un pot-pourri d'extraits de poèmes de Rutebeuf. Ce poète de la misère, qui se vante d'être sans raffinement (« Rutebeuf, qui rudement œuvre, / Car rude il est[3] »), ces vers à la lassitude avachie qui paraissent s'enchaîner à la va-comme-je-te-pousse, à coup de calembours et de formules définitives, comme un monologue d'ivrogne : voilà qui avait tout pour séduire le chanteur anarchiste. D'autres avaient été séduits avant lui, à la grande époque de Montmartre, des chansonniers de la misère, Jehan Rictus et ses *Soliloques du pauvre*, Aristide Bruant, qui emprunte à Rutebeuf son « tercet coué » (deux octosyllabes, un vers de quatre pieds). On a fait de Rutebeuf l'ancêtre des poètes maudits. C'était à la fin du XIXe, au début du XXe siècle. Maudit, il aurait, lui, préféré ne pas l'être. C'était au XIIIe siècle.

33

Le Roman de la Rose

Au XIIIe siècle, au moment où des poètes comme Jean Bodel ou Rutebeuf se racontent et s'exhibent pour mieux rentrer en eux-mêmes et se comprendre, un immense poème appelé à un immense succès mène cette investigation à travers le récit d'un rêve. Rêve d'une éducation amoureuse, rêve érotique, que le poète n'a pas compris sur le moment, faute d'expérience de l'amour, et qu'il raconte quand sa découverte le lui fait rétrospectivement comprendre. Ce poème, c'est le *Roman de la Rose*, commencé par Guillaume de Lorris et longuement poursuivi vers 1270 par Jean de Meun.

Ce poème, pour nous bizarre, a une sorte d'évidence. Il y a cinq ans – « La vingtième année de mon âge, / Quand Amour prélève son péage / Sur les jeunes gens[1] », dit-il, le poète a rêvé une nuit qu'il se levait par un matin de mai et était introduit par une jeune fille nommée Oiseuse (l'oisiveté – il faut du loisir pour être amoureux) dans le jardin de Plaisir où il était accueilli par Amour entouré des vertus qui lui sont favorables. Dans la fontaine où jadis se noya Narcisse, il voit le reflet d'un buisson de roses. Il se dirige vers lui et remarque un petit bouton de rose particulièrement charmant. Amour, qui l'a suivi, lui décoche alors une flèche qui, entrant par l'œil, l'atteint au cœur. Le voilà prisonnier d'Amour, soumis à ses commandements, et amoureux du bouton de rose. Mais celui-ci est défendu par des personnages redoutables qui représentent soit les obstacles extérieurs – Male Bouche (la médisance), Jalousie –, soit ceux qui viennent de la jeune fille elle-même (puisque le bouton de rose est évidemment une jeune fille), Danger (la résistance de la pudeur). Heureusement, Bel Accueil, qui représente les sentiments de la jeune fille favorables à l'amant, vient à son aide. Grâce à lui, il obtient un baiser, mais Jalousie, alertée par Danger, fait construire une tour où Bel Accueil est enfermé sous la garde d'une duègne, la Vieille. L'amant se désole. Raison survient ; elle l'exhorte à renoncer à l'amour de la rose au profit de son amour à elle. L'amant refuse. Il confie ses malheurs à un ami nommé Ami qui lui donne des conseils d'ami.

Entre-temps, Jean de Meun a pris la suite de Guillaume de Lorris et multiplie les digressions sur des sujets philosophiques, théologiques, scientifiques ou sur ce que nous appellerions des sujets de société. Tentant de parvenir à ses fins par l'hypocrisie, l'amant fait appel à Faux-Semblant et à Abstinence Contrainte, qui, sous le froc des dominicains (Jean de Meun, clerc de l'université de Paris, partage l'hostilité de Rutebeuf à l'égard des ordres mendiants), tuent Danger et soudoient la Vieille. Amour finit par faire appel à sa mère Vénus qui, aidée de son chapelain Génius et après une visite à Nature dans sa forge, met le feu au château de Jalousie, que l'armée d'Amour prend d'assaut. Le rêveur, de son bâton de pèlerin glissé entre les pétales, peut enfin déflorer la rose avant de s'éveiller : « Ainsi j'eus la rose vermeille. / Voici le jour, et je m'éveille [2]. » Fin du roman.

Voici que j'ai passé tout le temps de cette chronique à résumer le *Roman de la Rose*. C'est d'autant plus lamentable qu'un vrai et bon résumé aurait dû prendre au moins trois fois plus de temps. Mais si je ne l'avais pas résumé du tout, que pourrais-je vous en dire ? Qui a lu les vingt mille vers de ce poème, dont la réputation, d'ailleurs très injuste, est d'être ennuyeux ? Vous me direz que je n'étais pas obligé d'en parler. Soit. Mais on mesure mal, d'après mon misérable résumé, la richesse littéraire, philosophique et morale du *Roman de la Rose*, pas plus qu'on n'imagine l'influence prodigieuse qu'il a exercée ni les débats qu'il a suscités (au XIVe siècle, on reprochera à Jean de Meun son immoralité et son antiféminisme). Après tout, sans lui, la métaphore « cueillir la rose » serait-elle pour nous aussi limpide ? C'était au XIIIe siècle.

34

La forge de Nature

Le *Roman de la Rose* est un roman allégorique : le sens premier, apparent, cache un sens second. Il le cache à peine : vouloir cueillir la rose dans le jardin d'Amour est une image assez claire. Mais cette dissimulation est importante, puisqu'il s'agit d'un rêve dans lequel l'éveil des sens et, comme nous dirions aujourd'hui, l'inconscient du jeune rêveur anticipent ce qu'il ne connaît pas encore et ne peut donc comprendre clairement.

Quelle forme prend cette dissimulation ? Le recours aux personnifications pour mettre en scène les débats de la conscience est fréquent chez les auteurs de l'Antiquité tardive, Prudence et surtout Boèce, dont la *Consolation de Philosophie*[1] jouit au Moyen Âge d'un succès immense. Quant à la pensée allégorique elle-même, elle est comme naturelle au monde médiéval. Ce procédé d'exposition et de rhétorique qui consiste à « dire une chose pour en signifier une autre » est bien connu de l'Antiquité, d'Aristote à Quintilien. Mais l'allégorie est surtout, depuis les Pères de l'Église, le mode d'interprétation que le christianisme applique à l'Ancien Testament, lu comme une annonce et une préfiguration de la venue du Christ, et dans les Évangiles, les paraboles de Jésus lui-même, récits appelant une interprétation qui en livre le sens, lui donnent toute sa légitimité.

Poème allégorique, le *Roman de la Rose* est, on le comprend, un poème nourri d'une tradition savante, bien que la partie de Guillaume de Lorris se contente de broder sur les images de la poésie courtoise. Jean de Meun, dont nous connaissons la carrière et les autres ouvrages, a été étudiant à l'université de Paris et à celle de Bologne, a traduit des œuvres du latin (dans le *Roman de la Rose* même, des passages entiers sont adaptés d'Ovide) et est très au fait des connaissances de son temps dans l'ordre scientifique (par exemple touchant les phénomènes climatiques et astronomiques) comme dans l'ordre philosophique et théologique (par exemple sur les solutions du problème classique de concilier l'omniscience divine et le libre arbitre humain). Derrière l'allégorie transparente du *Roman de la Rose* et derrière sa truculence malicieuse il cache un sens plus profond.

Le poème se veut un art d'aimer : « le *Roman de la Rose* / Où l'art d'amour est tout enclose », écrit Guillaume de Lorris, et Jean de Meun l'appelle « le Miroir aux Amoureux », un miroir étant à l'époque une encyclopédie. Quel amour ? L'amour courtois chez Guillaume de Lorris, énumérant les commandements du dieu d'Amour, mais chez Jean de Meun une sexualité débridée, qui a choqué. Crois-tu, écrit-il, que Nature a créé Marion seulement pour Robin et Robin seulement pour Marion ? Non : « Elle nous a faits, beau fils, sans doute / Toutes pour tous et tous pour toutes[2]. »

Mais pourquoi, chez lui, cette invitation constante à l'activité sexuelle ? À cause de la mort, qui contraint à un effort constant de reproduction pour éviter la disparition de l'espèce. Il montre Nature dans sa forge travaillant sans relâche à fabriquer de nouveaux êtres pour remplacer ceux qui disparaissent. Or, Nature est, comme il le dit, la « chambrière de Dieu ». Elle est l'ouvrière de Dieu, les mains de Dieu travaillant à sa création. En exhortant à une sexualité féconde, Jean de Meun est beaucoup plus orthodoxe théologiquement que les poètes de l'amour courtois qui chantent une passion certes sublimée, mais dont la sensualité, c'est le moins qu'on puisse dire, se soucie fort peu de la reproduction.

Jean de Meun est théologiquement orthodoxe, mais il le dissimule soigneusement sous l'insolence et la provocation. C'était au XIIIe siècle.

35

« Sire de Joinville, je ne veux pas sitôt partir d'ici »

JEAN DE JOINVILLE était sénéchal de Champagne, c'est-à-dire qu'il occupait la première fonction à la fois civile et militaire à la cour du comte de Champagne : un personnage important, de bonne famille noble, mais non pas un très grand seigneur. Il a pourtant été un familier de saint Louis, dont il a écrit la vie. Il y raconte « les saintes paroles et les bons faits » du saint roi dont son ouvrage doit aider à la canonisation. Mais il se raconte tout autant lui-même. Par égocentrisme ? Par vanité ? Pas du tout. Mais il a tellement aimé ce roi, les souvenirs qu'il garde de lui sont si vivants, si intimement liés à ceux de sa propre vie, qu'il ne peut dissocier les uns des autres.

Ce sont pourtant de vieux souvenirs. Lorsqu'il achève son ouvrage, en 1309, saint Louis, son aîné de dix ans, est mort depuis près de quarante ans et il est, lui, largement octogénaire. Il mourra à quatre-vingt douze ans, en 1317. Mais son récit a une fraîcheur extraordinaire. On a l'impression à le lire d'une mémoire immédiate, celle des gestes, des conversations, des anecdotes.

Qu'en retenir en trois minutes ? Peut-être la perpétuelle anxiété d'être proche de ce roi tant aimé.

Un jour de Pentecôte, à Corbeil. Robert de Sorbon, le fondateur du collège de Sorbonne, reproche à Joinville d'être vêtu « de vert (la couleur) et de vair (la fourrure) », alors que le roi porte un simple vêtement de drap. Joinville le remet vertement à sa place :

> « Mestre Robert, salve vostre grace, je ne foiz mie a blasmer se je me vest de vert et de vair, car cest abit me lessa mon père et ma mère ; mes vous faites a blasmer, car vous estes filz de vailain et de vilaine, et avez lessié l'abit vostre père et vostre mère, et estes vestu de plus riche camelin que le roy n'est. » Et lors je pris le pan de son seurcot et du seurcot le roy et li diz : « Or esgardez se je di voir[1]. »

> « Maître Robert, sauve votre grâce, je ne suis pas à blâmer si je m'habille de vert et de vair, car c'est mon père et ma mère qui m'ont laissé ce vêtement ; mais c'est vous qui êtes à blâmer, car vous êtes fils de vilain et de vilaine, et vous avez abandonné le vêtement de votre père et de votre mère, et vous êtes vêtu d'un drap plus riche que celui du roi. » Et alors je pris le pan de son surcot et le pan de celui du roi, et je lui dis : « Regardez si je ne dis pas vrai. »

Le roi prend la défense de Robert de Sorbon, mais un peu plus tard, il fait asseoir Joinville « si près de lui que ma robe touchait la sienne » pour lui dire que c'était lui qui avait raison, mais qu'il avait vu Robert de Sorbon si déconfit qu'il était venu à son secours.

Quelques années plus tard, en Terre sainte. Joinville défend son avis seul contre tous au conseil du roi, qui ensuite, au déjeuner, semble lui battre froid. Il remâche son amertume devant une fenêtre, les bras passés entre les barreaux, quand quelqu'un arrive par-derrière et pose les deux mains sur sa tête. Il se débat en maugréant, croyant que c'est un de ses adversaires du conseil : c'est le roi, qui lui dit qu'il est de son avis et qu'il le suivra.

Chaque fois, la divine surprise d'être approuvé après s'être cru désavoué. Chaque fois, la proximité du roi, jusqu'au contact physique.

Plusieurs décennies ont passé. Le roi est mort depuis bien longtemps. Le vieux Joinville rêve de lui et c'est sur le récit de ce rêve qu'il achève son livre :

> Il me sembloit en mon songe que je le veoie devant ma chapelle, a Joinville, et estoit, si comme il me sembloit, merveilleusement lié et aise de cuer ; et je meismes estoie moult aise pour ce que le le veoie en mon chastel, et li disoie : « Sire, quant vous partirés de ci, je vous herbergerai a une moie meson qui siet en une moie ville qui a non Chevillon. » Et il me respondi en riant et me dit : « Sire de Joinville, foi que doi vous, je ne bee mie si tost a partir de ci[2]. »
>
> Il me semblait en mon songe que je le voyais devant ma chapelle à Joinville : et il était extraordinairement

joyeux et allègre de cœur ; et moi-même j'étais bien aise parce que je le voyais dans mon château et je lui disais : « Sire, quand vous partirez d'ici, je vous hébergerai dans une maison à moi qui se trouve dans une ville qui m'appartient, qui s'appelle Chevillon. » Et il me répondait en riant : « Sire de Joinville, par la foi que je vous dois, je ne désire pas sitôt partir d'ici. »

Certes, Joinville veut ainsi obtenir du roi Louis X le Hutin des reliques de saint Louis pour l'autel qu'à la suite de son rêve il lui a consacré dans sa chapelle.

Oui, mais le rêve dit tellement plus ! Qui de nous, frappé par un deuil, n'a pas rêvé que la personne disparue était vivante et n'en éprouvait pas un soulagement euphorique, mêlé de l'obscure connaissance de sa mort ? Joinville sait le roi de passage, échafaude un plan pour le garder tout de même un peu chez lui. Une dernière fois, le roi le rassure et lui dit qu'il lui sera toujours proche.

C'était au XIIIe... Non, Joinville a vécu si vieux : c'était au XIVe siècle.

36

Froissart ou l'histoire romanesque

ENCORE un historien qui parle de lui. Mais il ressemble peu à Joinville. C'est le plus célèbre des chroniqueurs médiévaux, Jean Froissart. Montaigne quitte ses chers auteurs latins pour le citer. Walter Scott fait dire à l'un de ses personnages qui en jette un autre en prison qu'il aura ainsi tout loisir de lire les immenses *Chroniques* de Froissart. À la dernière page de *L'Éducation sentimentale* de Flaubert, Frédéric rappelle à Deslauriers qu'il projetait dans sa jeunesse d'écrire un roman d'après Froissart (et, cela va sans dire, en imitant Walter Scott).

Né probablement en 1333, mort probablement en 1405, Froissart consacre ses *Chroniques* à la première partie de la guerre de Cent Ans[1]. Originaire de Valenciennes en Hainaut, il n'est pas sujet du roi de France et commence sa carrière en Angleterre, à la cour de sa compatriote la reine Philippa, fille du comte de Hainaut et épouse d'Édouard III, le roi d'Angleterre qui conteste à Philippe VI de Valois la couronne de France et le défait à Crécy en 1346 avant que son fils, le Prince Noir, fasse prisonnier Jean le Bon à Poitiers en 1356. Froissart dit d'ailleurs que c'est « après la grosse bataille de Poitiers » qu'il a commencé à collecter des informations.

C'est à la cour d'Angleterre qu'il le fait d'abord et c'est dans l'histoire d'Angleterre qu'il enracine ses *Chroniques*. Leur prologue montre qu'il a cru vivre un avènement de la chevalerie : les exploits des chevaliers du roi Arthur qu'on ne lisait que dans les romans, voici, dit-il, qu'ils s'accomplissent sous nos yeux grâce aux « guerres de France et d'Angleterre ». Il en est revenu. La fin des *Chroniques* le montre moins dupe des apparences, plus conscient que les comportements politiques et même militaires se conforment rarement à l'idéal chevaleresque. Mais il écrit l'histoire à la manière d'un roman, soignant les morceaux de bravoure, entrelaçant les épisodes selon la technique des grands romans arthuriens. Et ses *Chroniques* se lisent comme un roman, ce qui agace les historiens modernes, car s'il n'est pas toujours fiable, il raconte si bien que c'est sa version qui s'est souvent imposée contre d'autres sources plus sûres.

Pourquoi parle-t-il de lui ? Un peu par vanité et beaucoup par conscience professionnelle. Son récit commence en 1328. Mais un moment vient où il rattrape l'actualité. Il devient alors, autant que celui des événements, celui de l'enquête menée pour s'en informer. Le sommet de cette méthode est atteint au livre III, dont l'essentiel est occupé par le récit de son voyage en Béarn, de l'automne 1388 au printemps 1389, destiné à récolter des informations sur les événements d'Espagne et du Portugal à la cour du comte de Foix et de Béarn Gaston Phébus, à Orthez. En chemin, il rencontre un chevalier du comte de Foix, Espan de Lion, qui lui conte des anecdotes à propos de chaque lieu traversé :

> Tout me tournoient à grant plaisance et récréation les contes que mesire Espieng de Lyon me contoit, et m'en sembloit le chemin trop plus bref[2].

Le soir, à l'auberge, Froissart note tout, en attendant de le mettre au propre et de le dicter rentré chez lui, à Chimay, dont il est chanoine. Même chose à Orthez où, à l'auberge de la Lune où ils sont tous deux descendus, un capitaine de routiers, le Bascot de Mauléon, lui raconte ses campagnes dans l'espoir (justifié, puisque nous en parlons encore) de passer grâce à lui à la postérité : «Vous qui êtes historien[3] », lui dit-il. La chronique se transforme ainsi en mémoires d'un reporter.

Dans le livre IV, il raconte un dernier voyage en Angleterre, où il a tant de souvenirs. Mais tout a changé. Il a vieilli. Nul ne le connaît plus :

> Quant je fus venu à Douvres, je ne trouvay homme de ma congnoissance, du temps que j'avoie fréquenté en Angleterre, et estoient les hostels tous renouvellés de nouveau poeuple, et les joeunes enffans, fils et filles, devenus hommes et femmes, qui point ne me congnoissoient ni moy euls[4].

Il n'en continuera pas moins à écrire bravement sa chronique-fleuve jusqu'à ce que la mort l'interrompe. C'était au XIVe siècle.

37

L'enfance de l'amour

LES *Chroniques* de Froissart ont fait sa gloire de son vivant même. Son œuvre poétique n'a pas connu le même succès. Certes, à Orthez dans l'hiver 1388-1389, il devait, nous dit-il, chaque soir à minuit monter au château pour lire à Gaston Phébus, qui l'en a richement récompensé, son immense roman arthurien en vers, *Méliador*[1]. Mais ce roman a ensuite disparu pour n'être retrouvé qu'à la fin du XIXe siècle. Quant à ses poèmes, ils ne sont conservés que dans deux manuscrits, préparés sous sa propre direction. L'un est celui qu'il a offert au roi Richard II lors de son ultime voyage en Angleterre. On ne sait si le souverain a prêté grande attention au cadeau de ce vieux monsieur qui avait fréquenté la cour de sa grand-mère.

Ces poèmes méritent cependant d'être lus. D'abord, ils entretiennent un dialogue avec les *Chroniques*. Ainsi, le *Dit du Florin*[2] raconte comment Froissart s'est fait voler en Avignon la somme dont Gaston Phébus avait payé la lecture de *Méliador*. Mais le dialogue est généralement d'une autre nature. Les *Chroniques* se transforment peu à peu, nous l'avons vu, en autobiographie. Les poèmes livrent une autobiographie parallèle et différente : non pas des événements et des faits, mais une autobiographie sentimentale, voilée parfois derrière l'allégorie, selon la mode qu'avait lancée le *Roman de la Rose*. Tout cela, direz-vous, n'est guère engageant. Et pourtant...

Ouvrons *L'Espinette amoureuse*[3] (Le buisson d'aubépine amoureux). Une banale initiation sentimentale, certes. Le poète rencontre dans un jardin une jeune fille qui lit un roman. La littérature leur fournit un terrain d'entente. Le voilà amoureux, et tout le reste du poème est le récit de ses souffrances et de ses incertitudes. A-t-elle lu mon poème ? Qu'en a-t-elle pensé ? Quand elle finit par accepter avec un petit sourire la rose que je lui offre, quelle est la portée de ce geste ? Quand elle me complimente de bien lire un roman à haute voix, ce compliment va-t-il au-delà de ce qu'il dit ? Quand elle danse et que je n'y suis pas, ai-je raison de souffrir ? Comment interpréter mille petits signes, tous soigneusement équivoques ? Si elle me déclare nettement son amour, c'est dans un rêve. À la fin du poème, le dernier geste de la belle est, en passant, de tirer les cheveux de son soupirant. Agression ou invite ? Le poète choisit la seconde interprétation. Le lecteur est plus pessimiste : les paroles dont la jeune fille accompagne son geste ne sont guère encourageantes. Le poème s'achève sur cette ambiguïté.

C'est tout ? Non. Au début, dans une sorte de long prologue, le poète dit être entré au service d'Amour à un âge si tendre qu'il « jouait encore aux jeux des enfants de moins de douze ans », et il énumère en effet des centaines de jeux. Il dit encore qu'on l'a mis à l'école, où il y avait des petites filles :

> Et quant on me mist a l'escole
> > Et quand on me mit à l'école
> Ou les ignorans on escole,
> > où on instruit les ignorants,
> Il y avoit des pucelettes
> > il y avait des petites filles
> Qui de mon temps erent jonetes,
> > qui de mon temps étaient jeunettes,
> Et je, qui estoie puchiaus,
> > et moi qui étais innocent,
> Je les servoie d'espinchiaus,
> > je leur offrais de petites broches,
> Ou d'une pomme, ou d'une poire,
> > ou une pomme, ou une poire,
> Ou d'un seul anelet de voire,
> > ou un simple anneau de verre,
> Et me sembloit, au voir enquerre,
> > et il me semblait, si l'on veut savoir la vérité,
> Grant proësce a leur grasce acquerre ;
> > qu'acquérir leurs bonnes grâces était grande prouesse ;
> Et ossi esce vraiement,
> > et c'en est vraiment une,
> Je ne le di pas autrement[4].
> > je n'ai pas changé d'avis.

Bref, tout ce début est pour dire qu'on ne connaît pleinement l'amour qu'avant de le connaître, avant d'atteindre l'âge où on le découvre avec ses déceptions et ses souffrances, et qu'ensuite on a tout le reste de sa vie pour regretter l'enfance dont les ébats anticipaient avec une innocence heureuse cet amour encore inconnu.

C'était au XIVe siècle.

38

« En la forêt de Longue Attente »

Charles d'Orléans paraît un poète pour l'école primaire (enfin, pour l'école primaire d'autrefois) : « Le temps a laissé son manteau / De vent, de froidure et de pluie[1] », « Hiver, vous n'êtes qu'un vilain. / Été est plaisant et gentil[2] ». Les enfants comprennent qu'Hiver est méchant et Été gentil, et non, comme l'entend le poète, qu'Hiver est un rustre tandis qu'Été est noble. On se garde de les détromper.

Petit-fils de Charles V, neveu de Charles VI, père de Louis XII, Charles, duc d'Orléans, savait pourtant ce qu'est la noblesse. Il a treize ans en 1407, quand son père, Louis d'Orléans, frère de Charles VI, est assassiné sur ordre de son cousin, le duc de Bourgogne Jean Sans Peur. Il en a vingt et un quand il est fait prisonnier à Azincourt en 1415. Il restera vingt-cinq ans captif en Angleterre : comment relâcher ce prince des fleurs de lys qui pouvait prétendre au trône de France, le roi étant fou et la légitimité du dauphin contestée ? Mais Charles d'Orléans se prend de sympathie pour les Anglais, développant une sorte de syndrome de Stockholm avant la lettre. Et il n'a guère la tête politique. Il écrit des poèmes. Il en écrira plus encore après son retour en France en 1440. Il les transcrit de sa main, dans un recueil copié vers 1450-1455, à côté des pièces d'autres poètes, familiers ou visiteurs passant par Blois où il tient sa cour.

Ses poèmes font certes parfois allusion à la situation politique (« Priez pour Paix, le vrai trésor de joie[3] ! ») ou à la sienne, du temps de sa captivité :

En regardant vers le pays de France
Un jour m'advint à Douvres sur la mer
Qu'il me souvint de la douce plaisance
Que je souloie* au dit pays trouver... [4].   *j'avais coutume de

Mais le plus souvent c'est une poésie du quotidien, malicieuse et un peu triste, dominée par les deux personnages allégoriques de Mélancolie, dont il se dit « l'écolier », et de Nonchaloir, le détachement, le sentiment de l'à-quoi-bon :

A ce jour de saint Valentin
Que chacun doit choisir son per*,   *son chacun ou sa chacune
Amour, demourray je non per*,   *solitaire, « non apparié »
Sans partir à votre butin* ?   *sans avoir part à votre butin

A mon réveiller au matin
Je n'y ai cessé de penser,
A ce jour de saint Valentin.

Mais Nonchaloir, mon médecin,
M'est venu le pouse* tâter,   *pouls
Qui m'a conseillé reposer
Et rendormir sur mon coussin,
A ce jour de saint Valentin [5].

La poésie de Charles d'Orléans, c'est cette petite musique entêtante, jouant du refrain qui scande la ballade et autour duquel s'enroule, comme ici, le bref rondeau.

Le temps qu'il fait : « Hiver, vous n'êtes qu'un vilain », « Le temps a laissé son manteau », « En hiver, du feu, du feu, / Et en été, boire, boire [6] ». Les dates et les saisons : la Saint-Valentin, le 1ᵉʳ mai, fête du Renouveau. Les petits plaisirs : « Souper au bain et dîner en bateau [7] ». Le temps qui passe et la vieillesse qui vient. Une poésie de l'instant et une poésie qui place chaque instant sous le signe du vieillissement :

En la forêt de Longue Attente,
Par vent de Fortune violente,
Tant y vois abattu de bois
Que, sur ma foi, je n'y connois
A présent ni voie ni sente.

Pieça y pris joyeuse rente* ;   *Jadis j'y percevais une rente
Jeunesse la payoit contente*.   *comptant [de joie
Or n'y ai qui vaille une noix*,   *je n'y possède même plus
En la forêt de Longue Attente.   [la valeur d'une noix

Vieillesse dit, qui me tourmente :
« Pour toi n'y a pesson* ne vente**   *petite monnaie
Comme tu as eu autrefois ;   ** taxe sur la vente
Passez sont tes jours, ans et mois.

Suffise-toi* et te contente *Tiens-t'en satisfait
En la forêt de Longue Attente[8] ! »

Cette forêt, c'est la longue attente de l'amoureux, impatient de parvenir au but. Vieillesse dit au poète qu'à son âge, l'attente est devenue vaine. Mais la forêt venteuse et jonchée de bois mort n'a-t-elle pas son charme ? Celui de la mélancolie, celui du nonchaloir.

C'était au XVe siècle.

39

« Le laisserez-vous là, le pauvre Villon[1] ? »

EN 1458, à Blois, Charles d'Orléans organise un concours poétique. Chaque concurrent devra composer une ballade dont le premier vers sera : « Je meurs de soif auprès de la fontaine. » L'une des ballades conservées est de Villon. Le refrain en est : « Bien accueilli, repoussé de chacun[2]. » Contradictoire (c'était le jeu), ce vers le définit assez bien : poète reconnu (il est reçu à la cour de Blois et son œuvre figurera parmi les premiers livres imprimés), étudiant « normal », mais repris de justice, flétri, appelant ses amis à l'aide dans la ballade dont j'ai cité en titre le refrain.

Étudiant « normal », qui obtient rapidement ses grades à l'université de Paris entre 1449 et 1452 (il est né en 1431 ou 32) ; protégé par un notable, son « plus que père, maître Guillaume de Villon », dont il prend le nom (il est auparavant connu sous celui de François de Montcorbier). Mais arrêté en 1456 pour meurtre ; coupable la même année d'un cambriolage au collège de Navarre ; emprisonné, on ne sait pourquoi, tout l'été 1461 à Meung-sur-Loire par l'évêque d'Orléans ; de retour à Paris, arrêté en novembre 1462 ; libéré, arrêté de nouveau quelques jours plus tard à la suite d'une rixe ; condamné à mort, peine commuée en bannissement en janvier 1463 : nous perdons alors sa trace.

Les deux grands poèmes de Villon sont en forme de testament : le *Lais* (legs – on disait autrefois le *Petit Testament*) et le *(Grand) Testament*. Une poésie testamentaire est une poésie face à la mort. Cependant, en 1456, quand il compose le *Lais*, Villon n'entend pas mourir : il déclare léguer ses biens au moment de se débarrasser d'une traîtresse et de quitter Paris (décision de prudence après le cambriolage du collège de Navarre). Mais à la fin de 1461, quand il écrit le *Testament*, il vient de connaître la captivité dans « la dure prison de Mehun », avec ses humiliations, ses mauvais traitements, ses privations. Villon, âgé de trente ans, est vieilli avant l'âge, malade. Il a l'impression que sa fin est proche :

> Je congnois approucher ma seuf,
>   Je sens approcher la soif de mon agonie,
> Je crache blanc comme coton
>   je crache blanc comme du coton,
> Jacoppins gros comme un estuef [3].
>   des jacobins gros comme une balle de tennis.

Des jacobins, ce sont des crachats, parce que les jacobins – les dominicains – ont un froc blanc.

Le *Testament* aurait-il connu jusqu'à nos jours un tel succès s'il se bornait à une énumération de legs fictifs, bouffons ou injurieux, destinés à des gens dont nous ne savons plus rien et remplis d'allusions dont le sel nous échappe ? Non, ce qui a fait sa gloire, ce sont l'angoisse et la souffrance obsessionnelles qui l'envahissent dès les premiers vers, en changent la nature, en détournent le cours :

En l'an de mon trentïesme aage,
Que toutes mes hontes j'euz beues,
Ne du tout fol, ne du tout saige,
Non obstant maintes peines eues,
Lesquelles j'ai toutes receues
Sobz la main Thibault d'Aussigny...
S'evesque il est, signant les rues *,   *s'il est évêque, bénissant les
Qu'il soit le mien je le regny[4] !   [rues du signe de croix

C'est le début du *Testament*. Les premiers mots sont dans la phraséologie du testament, du style de notaire, comme le début du *Lais* :

L'an quatre cens cinquante six
Je, Françoys Villon, escollier,
Considerant, de sens rassis...

Mais mentionner les « hontes bues », les « peines eues » réveille les vieilles douleurs, les vieilles fureurs. Villon suffoque de rage contre Thibaut d'Aussigny. La phrase dérape, s'interrompt. Elle ne sera jamais achevée. Pendant des centaines de vers, Villon maudit l'évêque, parle de ses souffrances, de sa jeunesse, de ses malheurs, de ses fautes, de sa vie et de la vie, de sa mort et de la mort :

> La mort le fait fremir, pallir,
> Le nez courber, les vaines tendre,
> Le corps enfler, la chair mollir,
> Joinctes et nerfs croistre et estendre[5].

Ce n'est pas la forme du *Testament* qui impose la présence de la mort, mais l'obsession de Villon. Obsession de la chair morte, que l'on retrouve, hors du Testament, dans la célèbre *Ballade des pendus* :

> La pluye nous a debuez* et lavez   *lessivés
> Et le soleil deseichez et noircis.
> Pies, corbeaulx nous ont les yeulz cavez
> Et arraché la barbe et les sourcilz[6].

Villon a bel et bien frôlé le gibet. C'était un vrai mauvais garçon. D'ailleurs il a écrit des ballades dans le langage codé dont usaient les mauvais garçons pour ne pas être compris des mouchards. Mais les vrais mauvais garçons utilisent-ils leur langage codé pour écrire des ballades ? Écrivent-ils la *Ballade des pendus* ? Il faut la distance de la poésie pour nous faire toucher le vrai.

C'était au XVe siècle.

40

Et maintenant, si nous lisions ?

L E premier poème dont nous avons parlé dans ces chroniques était la *Séquence de sainte Eulalie*, le dernier le *Testament* de François Villon. Il s'est écoulé plus de temps entre la *Séquence de sainte Eulalie* (881) et le *Testament* de Villon (1461) qu'entre le *Testament* de Villon et nous. Ce que nous appelons le Moyen Âge est une période très longue, si longue que nous pourrions presque l'étendre jusqu'à nous. Jacques Le Goff voyait le Moyen Âge se prolonger jusqu'à la révolution industrielle.

Mais les efforts de périodisation sont toujours un peu vains. Je veux seulement dire que dans cet immense Moyen Âge aux contours incertains, finalement, j'ai parlé de peu de choses et je ne suis pas sorti de mon pré carré : la poésie (entendue au sens large : disons – mais le terme est peu adapté au Moyen Âge – la littérature) ; et encore : en excluant les lettres latines, plus abondantes et d'une certaine façon plus importantes que la littérature en langue vulgaire ; et encore : en me limitant pratiquement à la langue d'oïl et à la langue d'oc et en réduisant à de rares allusions mes incursions dans le domaine des autres langues romanes, des langues germaniques, des langues celtiques. Mais ma perspective n'était celle ni d'un cours, ni d'un manuel, ni d'une encyclopédie.

J'ai voulu vous donner envie de lire la poésie du Moyen Âge. J'y prends moi-même tant de plaisir ! J'ai suivi mon goût personnel. Comme les romantiques, je suis sensible aux échos entre la poésie du Moyen Âge et la poésie populaire. Après tout, chaque époque et chaque sensibilité ont leur Moyen Âge. Il y a eu le Moyen Âge des poètes romantiques. Il y a eu, nous l'avons vu, le Rutebeuf et le Villon des poètes maudits, des chansonniers montmartrois, plus tard de Léo Ferré et de Georges Brassens – Brassens particulièrement sensible à la continuité entre le Moyen Âge et la chanson populaire : « Le petit joueur de flûteau / Menait la musique au château. » Il y a aujourd'hui la séduction, qui nous revient par le monde anglo-saxon, du monde arthurien dans l'*heroic fantasy*, dans les jeux de rôle, etc. Il y a l'intérêt pour l'enracinement médiéval des langues régionales. Il y a l'inspiration musicale parfois originale puisée chez les troubadours.

J'ai voulu donner envie de lire cette poésie au fil des exemples, en la faisant entendre par petits bouts. Chacune de ces chroniques se voulait un teaser, comme on dit aujourd'hui en français (l'Angleterre francophone du Moyen Âge a fait passer en anglais tant de mots français que nous aurions mauvaise grâce à trop nous plaindre de l'inversion du courant). Il est plus facile qu'on ne croit de lire ces poèmes, ces romans, ces chansons de geste. L'obstacle est la langue. Malgré cela, ne les lisez pas en traduction seulement : vous risquez d'être déçu. Il existe aujourd'hui des éditions bilingues, qui donnent le texte original en regard de la traduction ou, au pire, en bas de page. Même si vous lisez surtout et même presque uniquement la traduction, un regard de temps en temps sur l'original vous permettra d'en saisir la saveur, l'habileté, le charme, le rythme. Et vous vous apercevrez qu'en vous aidant de la traduction, vous le comprenez assez bien. Si vous faites l'effort d'en lire deux ou trois pages à la suite, si vous vous habituez à l'orthographe fantaisiste, vous verrez que vous n'aurez presque plus besoin de la traduction.

Certes, il n'y a pas que le Moyen Âge au monde. Mais sa poésie est si lointaine qu'elle nous arrache à nous-mêmes et si proche que nous nous y retrouvons : n'est-ce pas cela même que nous pouvons attendre de la lecture et des arts ?

Notes

1. Pourquoi le Moyen Âge ?

[1] Chrétien de Troyes, *Cligès* suivi des *Chansons courtoises*, Charles Méla et Olivier Collet éd., Le Livre de Poche, coll. « Lettres gothiques », 1994, v. 30-39. Tous les romans de Chrétien de Troyes, cités ici d'après la collection « Lettres gothiques », sont réunis en un seul volume, donnant également le texte original en regard : Chrétien de Troyes, *Romans*, Michel Zink dir., Le Livre de Poche, coll. « La Pochothèque », 1994.

2. *Sainte Eulalie* ou le plus ancien poème français

[1] *Les Séquences de sainte Eulalie*, Roger Berger et Annette Brasseur éd., Genève, Droz, 2004, v. 1-4.

3. Deux langues pour une parabole

[1] *Sponsus. Drama delle vergini prudenti e delle vergini stolte*, texte établi par D'Arco Silvio Avalle et par Rafaello Monterosso pour la partie musicale, Milan, R. Ricciardi, 1965.

4. En passant par l'arabe : à la recherche d'une poésie perdue

[1] *Trente poèmes d'amour de la tradition mozarabe andalouse du XIe au XIIIe siècle*. Traduction de Michel Host, Paris, L'Escampette, 2010. Voir Klaus Heger, *Die bisher veröffentlich-*

ten Hargas und ihre Deutungen, Tübingen, Max Niemeyer Verlag, 1960. Margit Frenk, *Las Jarchas mozarabes y los comienzos de la lírica románica*, México, El Colegio de México, 1985.

5. Chansons de femmes

[1] « De bon matin s'est levée la bien faite Aélis » : début, avec de légères variantes, de plusieurs rondeaux cités dans *Le Roman de la Rose ou de Guillaume de Dole* de Jean Renart, éd. Félix Lecoy, Paris, Champion, 1962 (v. 310, 318, 532, 1579). Celui dont le refrain est « Par ici passe le brun, le beau Robin » se trouve aux v. 542-546.

[2] Refrain de la pastourelle « *Heu main matin jueir alai* », dans *Chansons des trouvères*, Samuel N. Rosenberg et Hans Tischler éd., Le Livre de Poche, coll. « Lettres gothiques », p. 178-181.

[3] « *Soufrés, maris, et si ne vos anuit* », dans Eglal Doss-Quinby éd., *Songs of the Women Trouvères*, New Haven and London, Yale University Press, 2001, p. 184.

[4] « *En un vergier, sos fuelha d'albespi* », dans Christophe Chaguinian, *Les Albas occitanes*, Paris, Champion, 2008, p. 206-210.

[5] « *Chanterai por mon corage* », dans *Chansons des trouvères*, *op. cit.*, p. 293-296.

6. « Roland a mis l'olifant à sa bouche »

[1] *La Chanson de Roland*, Ian Short éd., Le Livre de Poche, coll. « Lettres gothiques », 1990, v. 1753-1756, puis v. 1761-1764 et v. 1785-1787.

[2] *La Chanson de Roland, ibid.*, v. 1793-1797 et v. 1830-1833.

7. « Ce sera Ganelon, mon parâtre »

[1] *La Chanson de Roland*, Ian Short éd., Le Livre de Poche, coll. « Lettres gothiques », 1990, v. 277.

[2] *Ibid.*, v. 743.

[3] *Ibid.*, v. 760.

[4] *Ibid.*, v. 1093.

[5] *Ibid.*, v. 2375-2383 et v. 2389-2396.

8. Le silence des siècles

[1] *La Chanson de Roland*, Ian Short éd., Le Livre de Poche, coll. « Lettres gothiques », 1990, v. 4001.

9. Chansons de toile

[1] *La Chanson de Roland*, Ian Short éd., Le Livre de Poche, coll. « Lettres gothiques », 1990, v. 3718-3719.

[2] Samuel N. Rosenberg et Hans Tischler, *Chansons des trouvères*, Le Livre de Poche, coll. « Lettres gothiques », 1995, p. 92-95. (Et Michel Zink, *Les Chansons de toile*, Paris, Honoré Champion, 1978, p. 93-95.)

10. Les deux sœurs

[1] Samuel N. Rosenberg et Hans Tischler, *Chansons des trouvères*, Le Livre de Poche, coll. « Lettres gothiques », 1995, p. 94-97. (Et Michel Zink, *Les Chansons de toile*, Paris, Honoré Champion, 1978, p. 100-101.)

11. Guillaume IX, le premier troubadour

[1] *Vida* de Guillaume IX d'Aquitaine dans *Biographies des troubadours. Textes provençaux des XIIIe et XIVe siècles*, Jean Boutière et Alexander-Herman Schutz éd., Paris, Nizet, 1964, p. 1-2.

[2] Guillaume IX, *Vers*, Mario Eusebi éd., Parme, Pratiche, 1995, p. 76.

[3] Guillaume IX, « *Ab la douzor del temps novel* », v. 19-24, *ibid.*, p. 75.

12. La nature et l'amour

[1] Guillaume IX, « *Pos vezem de novel florir* », dans *Vers*, Mario Eusebi éd., Parme, Pratiche, 1995, p. 62. (Et Michel Zink, *Les Troubadours. Une histoire poétique*, Paris, Perrin, 2013, p. 61.)

[2] Jaufré Rudel, « *Quan lo rius de la fontana* », dans *Il Canzoniere di Jaufre Rudel*, Giorgio Chiarini éd., L'Aquila, Japadre, 1985 [réimpression : Jaufre Rudel, *L'amore di lontano*, Giorgio Chiarini éd., Rome, Corocci, 2003], p 77.

[3] Arnaut Daniel, « *Lancan son passat li giure* », dans *Il sirventese e le canzoni*, Mario Eusebi éd., Milan, All'insegna del

pesce d'oro, 1984, p. 51, 2ᵉ éd. *L'aur'amara*, Parme, Pratiche, 1995. (Et Michel Zink, *op. cit.*, p. 69.)

[4] Peire d'Alvernhe, *Poesie*, Aniello Fratta éd., Manziana, Vecchiarelli, 1996, p. 93.

[5] René Char, *Lettera amorosa*, dans *Œuvres complètes*, Paris, Gallimard, « Bibliothèque de la Pléiade », 2001, p. 342.

13. Une poésie compliquée comme l'amour

[1] Bernard de Ventadour, « *Tant ai mo cor ple de joya* », dans *Bernard de Ventadour, troubadour du XIIᵉ siècle. Chansons d'amour*, éd. Moshé Lazar, Paris, Klincksieck, 1966, p. 180-183.

[2] Raimbaut d'Orange, « *Er resplan la flors enversa* », dans Walter T. Pattison, *The Life and Works of the Troubadour Raimbaut d'Orange*, Minneapolis, The University of Minnesota Press, 1952, p. 199.

14. Les jongleurs

[1] « Ceux qui fréquentent les lieux publics de boisson et les réunions de débauche pour chanter des chansons licencieuses, pour pousser les hommes à la lascivité, ils sont condamnables comme les autres. Mais il y a aussi ceux qui sont appelés jongleurs, qui chantent les faits des princes et les vies des saints. »

[2] *Les Épîtres de Guiraut Riquier, troubadour du XIIIᵉ siècle*, Joseph Linskill éd., Liège, Association internationale des études occitanes, 1985, v. 800-863, p. 187-188 et p. 219.

[3] Voir Michel Zink, « Le jongleur de Notre Dame », *Le Jongleur de Notre-Dame. Contes chrétiens du Moyen Âge*, Paris, Éditions du Seuil, 1999, p. 48-51.

15. Lire et entendre

[1] Chrétien de Troyes, *Le Chevalier au lion*, David F. Hult éd., Le Livre de Poche, coll. « Lettres gothiques », 1994, v. 5358-5366.

[2] « *Bele Doette as fenestres se siet* », dans Samuel N. Rosenberg et Hans Tischler éd., *Chansons des trouvères*, Le Livre de Poche, coll. « Lettres gothiques », 1995, p. 102-105. (Et Michel Zink, *Les Chansons de toile*, Paris, Honoré Champion, 1978, p. 89-92.)

16. L'amour lointain

[1] « Vida » de Jaufré Rudel, dans Jean Boutière et Alexander Herman Schutz, *Biographies des troubadours. Textes provençaux des XIIIe et XIVe siècles*, Paris, Nizet, 1964, p. 16-19.

[2] Jaufré Rudel, « Lancan li jorn son lonc en mai », dans Giorgio Chiarini, *Il canzoniere di Jaufre Rudel*, L'Aquila, Japadre, 1985 [réimprimé : Jaufre Rudel, *L'amore di lontano*, Giorgio Chiarini éd., Rome Corocci, 2003], p 85.

17. Jouissance et souffrance

[1] Jaufré Rudel, « *Quan lo rossinhols el folhos* », dans *Il canzoniere di Jaufre Rudel*, Giorgio Chiarini éd., L'Aquila, Japadre, 1985 [réimprzssion : Jaufre Rudel, *L'amore di lontano*, Giorgio Chiarini éd., Rome, Corocci, 2003], p. 115.

[2] Bernard de Ventadour, « *Can vei la lauzeta mover* », dans *Bernard de Ventadour, troubadour du XIIe siècle. Chansons d'amour*, éd. Moshé Lazar, Paris, Klincksieck, 1966, p. 180-183.

[3] *Razo* de Guilhem de Balaün, dans Jean Boutière et Alexander Herman Schutz, *Biographies des troubadours. Textes provençaux des XIIIe et XIVe siècles*, Paris, Nizet, 1964, p. 321-332.

18. Le roi Arhur

[1] *Nennius et l'« Historia Brittonum »*, Ferdinand Lot éd., Paris, Champion, 1934 ; *Historia Brittonum*, trad. Christiane M. J. Kerboul-Vilhon, Sautron, Éditions du Pontig, 1999.

[2] William of Malmesbury, *Gesta Regum Anglorum*, R. A. B. Mynors, R. M. Thomson & M. Winterbottom eds, Oxford et New York, Clarendon Press, 1998-1999, I, II ; ii-342.

[3] Wace, *Le Roman de Brut*, Ivor Arnold éd., Paris, Société des anciens textes français, 1838-1840, v. 9751-9752, t. 2, p. 513.

[4] *Ibid.*, v. 9787-9798, p. 515.

19. Seul, comme un chevalier errant doit l'être

[1] Chrétien de Troyes, *Le Chevalier au Lion*, David F. Hult éd., Le Livre de Poche, coll. « Lettres gothiques », 1994, v. 24-28.

[2] *Ibid.*, v. 1-3.

[3] *Ibid.*, v. 175-181.

20. La fontaine enchantée

[1] Chrétien de Troyes, *Le Chevalier au Lion*, David F. Hult éd., Le Livre de Poche, coll. « Lettres gothiques », 1994, v. 288-545.

21. L'amour conjugal est-il romanesque ?

[1] Chrétien de Troyes, *Erec et Enide*, Jean-Marie Fritz éd., Le Livre de Poche, coll. « Lettres gothiques », 1992, , v. 5240-5248.

22. Le Graal

[1] Chrétien de Troyes, *Le Conte du Graal*, Charles Méla trad., Le Livre de Poche, coll. « Lettres gothiques », 1990, v. 3158-3159, v. 3162-3167 et v. 3179-3183.

23. Perceval et la charité

[1] Chrétien de Troyes, *Le Conte du Graal*, Charles Méla trad., Paris, Le Livre de Poche, coll. « Lettres gothiques », 1990, v. 168-175.

[2] Wolfram von Eschenbach, *Parzival*, Danielle Buschinger et Jean-Marc Pastré trad., Paris, Champion, 2010, p. 710.

[3] Simone Weil et Joë Bousquet, *Correspondance entre Simone Weil et Joë Bousquet (avril-mai 1942)*, Lausanne, L'Âge d'Homme, 1982, p. 18-19.

24. Tristan et Iseut ont-ils besoin d'un philtre pour s'aimer ?

[1] *Tristan et Iseut. Les Poèmes français, la saga norroise*, Daniel Lacroix et Philippe Walter éd. trad., Le Livre de Poche, coll. « Lettres gothiques », 2004, v. 1413-1415, p. 88-89.

[2] *Ibid.*, v. 2179-2184, p.122-123.

[3] « *D'Amors, qui m'a tolu a moi* », dans Chrétien de Troyes, *Romans suivis des Chansons, avec, en appendice, Philomena*, Michel Zink, Jean-Marie Fritz, Charles Méla, Olivier Collet, David F. Hult et Marie-Claire Zai éd., Le Livre de Poche, coll. « La Pochothèque », 1994, p. 1220.

25. Pourquoi épouser Iseut aux Blanches Mains ?

[1] Thomas, *Le Roman de Tristan*, dans *Tristan et Iseut. Les poèmes français, la saga norroise*, Daniel Lacroix et Philippe

Walter éd., Le Livre de Poche, coll. « Lettres gothiques », 1989, v. 10-21, p. 340-341.

[2] *Ibid.*, v. 174-175, p. 348-349.

[3] *Ibid.*, v. 38-43, p. 480-481.

26. « Belle amie, ainsi est de nous : Ni vous sans moi, ni moi sans vous »

[1] Marie de France, *Le Lai du Chèvrefeuille*, dans *Tristan et Iseut. Les poèmes français, la saga norroise*, Daniel Lacroix et Philippe Walter éd., Le Livre de Poche, coll. « Lettres gothiques », 1989, v. 51-78, p. 310-311.

27. Le Chevalier de la Charrette

[1] Chrétien de Troyes, *Le Chevalier de la Charrette*, Charles Méla éd., Paris, Le Livre de Poche, coll. « Lettres gothiques », 1992, v. 21-328 et 333-336.

[2] Louis Aragon, *Les Yeux d'Elsa*, *Œuvres poétiques complètes*, Paris, Gallimard, « Bibliothèque de la Pléiade », 2007, t. 1, p. 791.

28. Lancelot et Galehaut

[1] *Lancelot du Lac*, François Mosès éd., Le Livre de Poche, coll. « Lettres gothiques », 1991, 2 t. ; *La Quête du Saint-Graal*, Fanni Bogdanow éd., Anne Berrie trad., Le Livre de Poche, coll. « Lettres gothiques », 2006 ; *Lancelot du Lac III. La Fausse Guenièvre*, Marie-François Mosès éd., Le Livre de Poche, coll. « Lettres gothiques », 1998 ; *Lancelot du Lac IV. Le Val des amants infidèles*, Yvan G. Lepage et Marie-Louis Ollier éd., 2002 ; *La Mort du roi Arthur*, David F. Hult éd., Le Livre de Poche, coll. « Lettres gothiques », 2009. Ou *Le Livre du Graal*, Daniel Poirion et Philippe Walter dir., Paris, Gallimard, « Bibliothèque de la Pléiade », 3 vol., 2001, 2003, 2009.

[2] *Le Haut Livre du Graal [Perlesvaus]*, Armand Strubel éd., Le Livre de Poche, coll. « Lettres gothiques », 2007.

[3] Dante, *L'Enfer*, V, v. 137.

[4] *Dante, La Divine Comédie, L'Enfer*, Jacqueline Risset trad., Paris, Flammarion, 1985, p. 67. Traduction de Jean-Charles Vegliante : « Galehaut fut le livre et qui l'a écrit : ce jour-là nous n'y lûmes pas plus avant » (Poésie/Gallimard, 2012).

⁵ *Lancelot du Lac V. L'enlèvement de Guenièvre*, Yvan G. Lepage et Marie-Louise Ollier éd., Le Livre de Poche, coll. « Lettres gothiques », 1999, p. 206-207.

⁶ *Ibid.*, p. 436-437.

29. Le Graal n'est pas une fin

¹ *La Quête du Saint-Graal*, Fanni Bogdanow éd., Anne Berrie, trad., Le Livre de Poche, coll. « Lettres gothiques », 2006.

² *Le Haut Livre du Graal* [*Perlesvaus*], Armand Strubel éd., Le Livre de Poche, coll. « Lettres gothiques », 2007, p. 1050-1053.

30. Le poète lépreux

¹ Hélinand de Froidmont, *Les Vers de la mort*, trad. Michel Boyer et Monique Santucci, Paris, Champion, 1983.

² Jean Bodel, *Congés*, v. 1-12, dans *Les Congés d'Arras (Jean Bodel, Baude Fastoul, Adam de la Halle)*, Pierre Ruelle éd., Bruxelles-Paris, PUB-PUF, 1965.

31. « Pour moi le jour se lève alors que la nuit tombe »

¹ Jean Bodel, *Congés*, v. 324, dans *Les Congés d'Arras (Jean Bodel, Baude Fastoul, Adam de la Halle)*, Pierre Ruelle éd., Bruxelles-Paris, PUB-PUF, 1965.

² *Ibid.*, v. 61-72.

³ *Ibid.*, v. 150-156.

⁴ *Ibid.*, v. 275-276.

⁵ *Ibid.*, v. 286-288.

⁶ *Ibid.*, v. 322-324.

32. « Que sont mes amis devenus ? »

¹ Rutebeuf, « La pauvreté Rutebeuf », *Œuvres complètes*, Michel Zink éd., Paris, Le Livre de Poche, coll. « Lettres gothiques », 2001 (1ʳᵉ éd., Classiques Garnier, 1989-1990), v. 34-40, p. 972-973.

² « La complainte Rutebeuf », *ibid.*, v. 110-124, p. 324-325.

³ « La voie d'Humilité », *ibid.*, v. 18-19, p. 344-345.

33. Le Roman de la Rose

[1] Guillaume de Lorris et Jean de Meun, *Le Roman de la Rose*, Armand Strubel éd., Le Livre de Poche, coll. « Lettres gothiques », 1992, v. 21-23, p. 42-43.

[2] *Ibid.*, p. 1241.

34. La forge de Nature

[1] Boèce, *La Consolation de Philosophie*, Claudio Moreschini éd., Éric Vanpeteghem trad., Le Livre de Poche, coll. « Lettres gothiques », 2005.

[2] Guillaume de Lorris et Jean de Meun, *Le Roman de la Rose*, Armand Strubel éd., Le Livre de Poche, coll. « Lettres gothiques », 1992, v. 13890-13891, p. 736.

35. « Sire de Joinville, je ne veux pas sitôt partir d'ici »

[1] Jean de Joinville, *Vie de saint Louis*, Jacques Monfrin éd., Le Livre de Poche, coll. « Lettres gothiques », 2002, § 36, p. 164-165.

[2] *Ibid.*, § 766, p. 602-603.

36. Froissart ou l'histoire romanesque

[1] Jean Froissart, *Chroniques. Livre I (première partie, 1325-1350) et livre II*, Peter F. Ainsworth et George T. Diller éd., Le Livre de Poche, coll. « Lettres gothiques » ; *Chroniques. Livre III (du Voyage en Béarn à la campagne de Gascogne) et livre IV (1389-1400)*, Peter F. Ainsworth et Alberto Varvaro éd., Le Livre de Poche, coll. « Lettres gothiques », 2004.

[2] *Ibid.*, III, 12, p. 162.

[3] *Ibid.*, III, 15, p. 198.

[4] *Les Chroniques de Sire Jean Froissart*, J. A. C. Buchon éd., Paris, Desprez, 1835, III, XL, p. 198.

37. L'enfance de l'amour

[1] Jean Froissart, *Melyador*, Nathalie Bragantini-Maillard éd., Genève, Droz, 2012, 2 t.

[2] Jean Froissart, « Le Dit du florin », *Dits et débats*, Anthime Fourrier éd., Genève, Droz, 1979.

[3] *L'Espinette amoureuse*, Anthime Fourrier éd., Paris, Klincksieck, 2002 (3ᵉ éd.)

[4] *Ibid.*, v. 35-46, p. 50.

38. « En la forêt de Longue Attente »

[1] Charles d'Orléans, Rondeau 103, *Ballades et Rondeaux*, Jean-Claude Mühlethaler éd., Le Livre de Poche, coll. « Lettres gothiques », 1992, p. 448.

[2] Rondeau 37, *ibid.*, p. 380.

[3] Refrain de la ballade 99, *ibid.*, p. 288-290.

[4] Ballade 98, v. 1-4, *ibid.*, p. 286-287.

[5] Rondeau 50, *ibid.*, p. 394-395.

[6] Rondeau 283, *ibid.*, p. 634.

[7] Rondeau 281, *ibid.*, p. 632.

[8] Rondeau 195, *ibid.*, p. 540-541.

39. « Le laisserez-vous là, le pauvre Villon ? »

[1] François Villon, « Épître à mes amis ». Les extraits cités dans cette chronique le sont d'après les éditions de Auguste Longnon, revue par Lucien Foulet (Paris, Champion, 1932), Jean Rychner et Albert Henry (Genève, Droz, 5 vol., 1974-1985), Claude Thiry (Le Livre de Poche, coll. « Lettres gothiques », 1991). Voir désormais François Villon, *Œuvres complètes*, éd. Jacqueline Cerquiglini-Toulet, avec la collaboration de Laëtitia Tabard, Paris, Gallimard, « Bibliothèque de la Pléiade », 2014, avec une traduction et un remarquable dossier sur la réception de Villon à travers les siècles.

[2] « Ballade du concours de Blois ».

[3] *Testament*, huitain LXXII, v. 729-731.

[4] *Ibid.*, huitain I.

[5] *Ibid.*, huitain XLI.

[6] *Ballade des pendus*, v. 21-24.

Composition et mise en pages :
Les Cinquante S.A.R.L.

Reproduit et achevé d'imprimer
par Corlet Imprimeur
en février 2015.
Dépôt légal : mars 2015.
Numéro d'imprimeur : 170439.

ISBN 978-2-84990-375-9. / Imprimé en France.